Sônia Oiticica

Uma Atriz Rodrigueana?

GOVERNO DO ESTADO DE SÃO PAULO
RESPEITO POR VOCÊ

Governador	Geraldo Alckmin
Secretário Chefe da Casa Civil	Arnaldo Madeira

imprensaoficial

Imprensa Oficial do Estado de São Paulo

Diretor-presidente	Hubert Alquéres
Diretor Vice-presidente	Luiz Carlos Frigerio
Diretor Industrial	Teiji Tomioka
Diretora Financeira e Administrativa	Nodette Mameri Peano
Núcleo de Projetos Institucionais	Vera Lucia Wey

CULTURA
Fundação Padre Anchieta

Fundação Padre Anchieta

Presidente	Marcos Mendonça
Projetos Especiais	Adélia Lombardi
Diretor de Programação	Rita Okamura

Coleção Aplauso Perfil

Coordenador Geral	Rubens Ewald Filho
Coordenador Operacional e Pesquisa Iconográfica	Marcelo Pestana
Revisão	Cláudia Rodrigues
Projeto Gráfico e Editoração	Carlos Cirne
Assistente Operacional	Andressa Veronesi
Tratamento de Imagem	José Carlos da Silva e Tiago Cheregati

Sônia Oiticica

Uma Atriz Rodrigueana?

por Maria Thereza Vargas

CULTURA
Fundação Padre Anchieta

imprensaoficial

São Paulo - 2005

Dados Internacionais de Catalogação na Publicação (CIP)
(Câmara Brasileira do Livro, SP, Brasil)

Vargas, Maria Thereza.
Sônia Oiticica : uma atriz rodrigueana? / por Maria Thereza Vargas. – São Paulo : Imprensa Oficial do Estado de São Paulo : Cultura – Fundação Padre Anchieta, 2005.
208p.: il. - (Coleção aplauso. Série perfil / coordenador geral Rubens Ewald Filho).

ISBN 85-7060-233-2 (Obra completa) (Imprensa Oficial)
ISBN 85-7060-344-4 (Imprensa Oficial)

1. Atores e atrizes de teatro – Biografia 2. Oiticia, Sônia I. Ewald Filho, Rubens. II. Título. III. Série.

05-2780 CDD – 791.092

Índices para catálogo sistemático:

1. Atores brasileiros : Biografia :
Representações públicas :
Artes 791.092

Foi feito o depósito legal na Biblioteca Nacional (Lei nº 1.825, de 20/12/1907).

Imprensa Oficial do Estado de São Paulo

Rua da Mooca, 1921 - Mooca
03103-902 - São Paulo - SP - Brasil
Tel.: (0xx11) 6099-9800
Fax: (0xx11) 6099-9674
www.imprensaoficial.com.br
e-mail: livros@imprensaoficial.com.br
SAC 0800-123401

A Eduardo Tolentino e demais companheiros
do Grupo TAPA

Sônia Oiticica

"Subir, subir sempre ao mais acima".

José Oiticica
Fidalguia

Introdução

Do 21° andar de seu apartamento, Sônia pode ver grande parte da cidade que, na verdade, por volteios do destino, é agora a sua cidade. Pela lógica, deveria estar no Rio de Janeiro, pois tudo levaria a crer que lá daria curso à sua carreira, e não em São Paulo, cidade tão diferente de seu temperamento alegre e divertido. Com a delicadeza proverbial - a mesma usada nos palcos - Sônia fala de sua vida e de seus trabalhos em teatro, cinema, rádio e televisão, em tempos árduos de conquista. Fala pouco. Se cansa. Interrompe, às vezes, para mostrar seus livros, principalmente aqueles de poesia, brasileira ou francesa. Conhece de cor muitas delas (acaba de fazer uma descoberta interessante: *Coração Materno,* cantada por Vicente Celestino e argumento ilustre do repertório do circo-teatro, é uma tradução de *La Chanson de Marie-des-Anges,* de Jean Richepin).

Sônia descende do Teatro do Estudante do Brasil, cuja idéia inicial era procurar formar atores clássicos.

Pobres atores! Em breve encontrariam ambientes bem diversos dos que lhes apontara Itália Fausta. Mas Sônia não se fez de rogada. Se uma coisa aprendeu bem cedo, foi encarar a realidade e com ela conviver no melhor dos mundos. Passa pelo teatro brasileiro, com interrupções nada favoráveis à sua carreira, mas nem por isso deixa de estar atenta às luzes que lhe são acesas. Cumpre com coragem os seus momentos.

Alguém já disse que certos papéis deixam marcas irremovíveis. Com Sônia, não podia ser diferente. Marcou-a Julieta, da primeira montagem do Teatro do Estudante, tecida com infinitas doses de lirismo, docilidade e ardor juvenil. Uma surpresa, naqueles tempos de novos rumos a serem tomados pelo teatro brasileiro.

Sônia vem de uma família singular, ligada às artes, notadamente ao teatro. O livro *O Teatro no Brasil,* de J. Galante de Sousa, assinala o nome de Francisco de Paula Leite e Oiticica, Senador por Alagoas, avô de Sônia, como o autor do drama histórico *Dona Clara Camarão* e mais uma outra obra dramática, sem indicação de gênero, intitulada *Pai.* Um dos filhos de Francisco de Paula, José, além de filólogo e tradutor de Racine e Corneille, professor de prosódia e poeta, é autor de várias peças: *Azalan* (passada entre os presos de Fernando de Noronha), *Pedra Que Rola, Quem Os Salva,* as duas últimas encenadas pela Companhia Dramática Nacional, de Gomes Cardim e Itália Fausta. Um representante da quarta geração Oiticica, Hélio, o artista plástico, com quatorze anos investe na dramaturgia, dando às suas peças, títulos, no mínimo, curiosos: *Como os Maridos Enganam, Caminho Sem Fim* e - pasmem! - *Medéia.* Sônia, apesar de escrever muito bem, preferiu o caminho daqueles que fazem os dramas existirem. *Gosto de qualquer coisa que me permita interpretar.* Tendo passado por Shakespeare, Rostand e Musset, deixou-se cativar pelas personagens de Nelson Rodrigues, interpretando oito delas: a mãe possessiva, a filha demoníaca, a moça suburbana, a dona de bordel, senhoras patéticas, a prostituta de alto luxo. Observando ou intuindo, é muitas vezes com força, outras com delicadeza, que imprime credibilidade àquelas estranhas figuras de um universo quase sempre nebuloso. A compreensão afasta-as da vulgaridade, e a doçura sugere novo entendimento. Clara Carvalho, sua companheira de elenco, na montagem do TAPA, de *Vestido de Noiva*, em 1994 percebe dados novos, em sua Madame Clessy: *Sônia não tinha a idade, nem o porte habitual que se costuma imprimir à personagem. Isso pouco importou. Sônia conseguia fazer uma Clessy que era um arquétipo do feminino, do desejo, da delicadeza, de um tempo não cafajeste. Tinha humor, lirismo, tragicidade e, como ninguém, tinha a temperatura daquelas frases.*

Mesclando sua formação, trechos de vida e modo de ser às suas realizações artísticas, Sônia acrescenta sua vivência pessoal ao vasto painel de diversidades (de vidas e propósitos), presentes nesta preciosa coleção. Juntas, essas vidas vão formar, com certeza, uma heróica e animada história do intérprete no Brasil.

Maria Thereza Vargas

Nascemos por um acaso ou somos guiados pelos astros? Se for assim, eu, que deveria ter nascido no Rio de Janeiro, os astros me levaram até Alagoas. Por que? Meu pai, anarquista, preso, acusado de ter sido o cabeça da grande greve de 1918, ia ser "deportado" para uma ilha qualquer da Guanabara; mas em atenção a meu avô, então Senador da República, consentiram que ficasse preso no engenho da família em Rio Largo, Alagoas, onde nasci. Meu pai aceitou, contanto que fosse com minha mãe e os filhos.

Mamãe, então já no fim da gravidez, não teve dúvida. Chamou uma amiga, entregou a casa, pegou a filharada e embarcou num naviozinho, que devia ser do Lloyd ou da Costeira, junto com meu pai, preso. Éramos então já seis filhos: José, o mais velho e suas irmãs Clara, Vanda, Laura, Vera e Dulce e a sexta, por nascer. Nasci três dias depois da chegada ao engenho! Assim, era mais uma menina e meu pai para consolar minha mãe foi dizendo: *Zinha é uma menina linda!* Sou então a sexta filha e depois chegou mais uma, Selma.

Completou-se a família com um único filho e sete filhas; mas minha mãe e meu pai ficaram muito contentes.

Com seis dias de nascida, fui batizada, e meu avô quis ser fotografado com minha avó e todos os netos em volta e eu no colo de minha avó. É uma foto muito bonita. Cinco ou seis meses depois, voltamos à nossa casa, no Rio e só fui conhecer Maceió e a casa onde nasci, no Engenho Riachão, muitos anos depois, durante uma viagem de excursão com teatro. Então, sei lá, deve ter sido o signo de Sagitário que comandou meu nascimento, no dia 19 de dezembro de mil novecentos e... dezoito. As atrizes não gostam de dizer o ano do nascimento. Só quando ficam mais velhas...

Capítulo I

Infância e Adolescência

Infância e adolescência, passei no Rio de Janeiro. Cidade tão diferente da de hoje. Era cheiroso o Rio nesse tempo! A gente saía para passear à tarde e sentia aquele cheirinho gostoso de jasmim, de "dama da noite". Havia sempre um piano tocando numa casa qualquer, porque todo mundo naquela época estudava piano. Lá em casa, quem tocava bem o piano era minha irmã, Dulce. Morávamos na Rua Guanabara, número 49, em Laranjeiras, pertinho do Palácio Guanabara e do Fluminense Futebol Clube, onde aprendi a nadar e passei boa parte de minha infância. Lá fomos criados... brincando na piscina. Nos dias de futebol, ficávamos na janela esperando o final da partida. E vinha aquela multidão: os de "cabeça inchada" eram os que haviam perdido o jogo; os alegres, berrando muito, eram os vencedores. Nós, da janela, berrávamos com eles, porque lá em casa todos eram fluminenses,

João (Preguinho), nosso vizinho, filho de Coelho Neto, jogava pelo Fluminense. Era um grande jogador e tinha, como todos os jogadores, um amor enorme pelo clube. Dividíamos com ele nosso entusiasmo nos dias de vitória.

Mudamos depois para o número 25 da mesma rua... mas o 49 ficou em nossa memória. Casa grande, antiga e velha, com galinheiro, uma enorme caramboleira onde papai pendurou um balanço e de onde minha irmã Vera levou um tombo feio! A Rua Guanabara era toda plantada de oitizeiros e quando chegava a época dos oitis, papai pegava uma vara bem grande, prendia uma lata na ponta e lá vinham os oitis da árvore defronte da nossa casa. Isso era uma alegria! Oiti, fruta deliciosa e parece que pouca gente conhece, pois não se ouve mais falar nela.

Pintávamos o caneco! Casa acolhedora, sempre com muita gente, ora refugiados anarquistas, ora parentes que chegavam de Alagoas e aí, lá íamos de colchões no chão para dar lugar aos hóspedes. Casa alegre e divertida para mim, uma criança. Hoje imagino a trabalheira que dava pra minha mãe. A hora do almoço ou do jantar era maravilhosa, com o pessoal todo em volta da mesa, em longas conversas, que nem sempre entendíamos bem. Enfim, era uma casa de brincar e de morar. Não eram gavetas, como dizia minha irmã Laura, se referindo aos apartamentos: *Não moramos. Somos engavetados.*

Minhas irmãs me chamavam de Saliente Leite e Oiticica, S.L.O., porque eu era muito metida; prestava atenção em tudo e queria participar das conversas. Não sei por que cargas d'água papai me levou a uma livraria, onde estava o Monteiro Lobato (Seria a Editora? Em São Paulo, ou no Rio? Não me lembro). Monteiro Lobato me chamou e, querendo me agradar, me deu um livro muito bonito, grande, de capa vermelha, todo ilustrado, chamado *Meu Bebê*. Peguei o livro e disse alto, pra todo mundo ouvir: *Ih! Ele me deu um livro maior do que ele!*

A Família Oiticica: Francisca e José, com os filhos José, Clara, Selma, Vanda, Vera, Sônia, Dulce e Laura,1923.

Claro que já conhecia e me deliciava com *A Menina do Narizinho Arrebitado,* mas, para mim, as estórias eram mágicas. Não sabia e nem me interessava saber que aquele moço baixinho tinha escrito aquelas maravilhas.

Em criança, não fui à escola. Minhas irmãs Clara e Vanda freqüentaram o Colégio Andrews e Selma, por um ano, talvez, o Jacobina. Quem nos ensinou a ler foi mamãe, enquanto fazia suas costuras. Em cima da máquina havia sempre um bilro. Quando nos distraíamos na cartilha, ou cochilávamos, ela "pluft", dava uma pancadinha com o bilro para nos despertar. Quando já dominávamos um pouco mais a leitura, papai se encarregava de nos ensinar línguas. Acompanhando e ajudando mamãe, tivemos figuras inesquecíveis: Palmira, nosso braço direito, chegou de Portugal e foi direto para nossa casa, só saindo de lá doze anos depois, para se casar com o padeiro da esquina; Clarinda, fiel e amiga, que tinha sido escrava de meu avô e morava conosco. Gostava muito de Dulce. Quando fomos para a Alemanha com papai, não podia ver um prato de sopa, na hora do jantar que desandava a chorar: *Dulce gostava tanto de sopa!...* Dona Manuela, essa não morava lá em casa, mas ia lá freqüentemente. Alta, magra, mascava fumo. Era costureira e ajudava mamãe com nossas roupinhas. Havia também uma figura fantástica, "seu" André, que não temia nem raios, nem tempestades e que na maior chuvarada ficava no alto da caramboleira cantando a plenos pulmões para nos divertir. Acabei amiga e sendo comadre ao batizar duas filhas dele. Convivemos também com pessoas muito queridas: Coelho Neto, padrinho de minha irmã Vera, Viriato Corrêa, padrinho de Selma, Hermes Fontes, Laura da Fonseca e Silva, Maria Lacerda de Moura. Tenho, dessa gente, vagas e ingênuas lembranças: Coelho Neto morava perto de nossa casa, na Rua do Rozo (hoje Rua Coelho Neto), também numa casa grande. Na sala, seu escritório, uma mesa enorme, cheia de livros, onde estudava e escrevia. Passava sempre por ali um sorveteiro vendendo um sorvete delicioso, daqueles de antigamente, feito com água e leite de coco. O sorveteiro tinha lá seu pregão habitual: *Ai, meu Deus! Tão bom, tão bom, o sorvete que o baiano faz! Ai, meu Deus! Ai, meu Deus!* Coelho Neto não agüentava mais aquilo. Um dia em que eu estava lá, já de olho no sorvete, ele foi até a janela e gritou: *Ó sorveteiro, venda seus sorvetes, mas pare de se lamentar!* Outro amigo de papai era o poeta Hermes Fontes. Um dia se pôs a dizer seus versos em nossa casa, numa reunião de amigos. Os versos de cada estrofe acabavam assim: *Sim, meu amor! Não, meu amor! Sim, meu amor! Não, meu amor!* No terceiro *Sim, meu amor!*, eu e minhas irmãs, escondidas embaixo da escada, não resistimos e caímos na gargalhada, para desespero e constrangimento da assistência. Tenho uma vaga lembrança de Laura da Fonseca e Silva, poetisa, nossa prima. Casou-se com Octavio Brandão, anarquista, convertido ao comunismo, fato que papai nunca conseguiu perdoar. Laura era dotada de uma personalidade forte, determinada, desprendida. Contam que, num comício de 25 de maio, no Praça Mauá, em 1929, conseguiu, com seu discurso, que soldados da infantaria e cavalaria, que cercavam os operários, prontos para atirar e dissolver com violência o comício, parassem de repente, surpresos com o apelo enérgico daquela mulher. Exilada na Rússia desde 1931, nunca mais vimos

Laura. Morreu na União Soviética e está enterrada em Moscou, no cemitério dos heróis. O que eu achava mais bonito eram os nomes das filhas de Laura: Dionisa (que evocava Alegria), Sátva (que quer dizer Luz, Harmonia) e Vólia (que quer dizer Vontade, em russo). No exílio, tiveram mais uma filha, Valná que, em russo, me parece que quer dizer Onda. Nossa amiga foi também a professora Maria Lacerda de Moura. Ao contrário de Laura, foi fiel até o final da vida à causa anarquista. Era partidária do amor livre, e isso lhe causou dissabores. Dizia-se *sem pátria, sem fronteiras, sem família e sem religião.* Uma tarde, ao despedir-se de mamãe no portão de casa, apontou em direção ao Palácio Guanabara dizendo: *Vou por aqui, se encontrar o homem, puxo-lhe as barbas!* O homem era o Presidente, Washington Luiz.

Foi ainda em nossa casa, na Rua Guanabara, que papai descobriu que havia alguma coisa errada com meus olhos. Às vezes eu ficava estrábica e achavam que era por causa do cabelo nos olhos, mandavam que eu fosse pentear o cabelo e numa determinada manhã, papai, nem sei porque, me mostrou um garfo: *O que é, isto Sônia? - Um garfo.* Tampou um dos meus olhos e mostrou outra coisa. Não pude responder. Tinha cinco anos e, apesar de todas os tratamentos, nunca enxerguei com o olho direito. Foi diagnosticado depois como "coreoretinite".

Uma coisa de que nunca me esqueci foi o cortejo fúnebre, saído da embaixada italiana e passando em frente à nossa casa, levando o corpo do aviador Carlo Del Prete, vítima de um desastre aéreo no Rio. A multidão toda a pé, em profundo silêncio, carros cheios de flores, puxados a cavalo. Um enterro digno das obsessões de Nelson Rodrigues.

Nossa alegria era interrompida pelas prisões de papai. No governo de Artur Bernardes (1922-1926), esteve detido um ano e três meses. Peregrinou pela Ilha das Flores, do Bom Jesus e Rasa, onde ficou impedido de receber visitas. Isso para nós foi doloroso. Nas outras, ainda íamos visitá-lo. Tomávamos muito cedo uma lanchinha até a Ilha e podíamos ficar um pouquinho com ele. Se queixava muito da comida e então quem nos valia era Palmira, aquela portuguesa a quem chamávamos de nosso braço direito. Acordava de madrugada e levava um farnel até a lancha para ser entregue a ele. Dessa forma, na prisão, recebia a comidinha feita em casa, preparada por mamãe. Não deixava de ser uma forma de comunicação, além daquela muito usada entre os presos, antigamente. Escrevia-se nas entrelinhas, com suco de limão, o que não queriam que a polícia lesse. O preso então passava a carta a ferro, ou com o auxílio de uma vela, conseguia ler a mensagem, Um dia, mamãe recebeu um recado curioso: *leve as crianças em tal dia e a tal hora ao Posto 2, em Copacabana. Fique bem em frente à Ilha. Vou soltar uma pipa e vocês vão poder ter a certeza que ainda estou por aqui.*

Hoje, penso no por quê desse gesto. Teria sido a vontade de estar presente concretamente em nossas vidas de criança? E, numa certa manhã, mamãe nos levou (as menores) à praia.

Na hora determinada, lá estava a pipa, voando nos céus da Ilha Rasa. Foi uma alegria!

Alegria maior ainda foi, para mim e minhas irmãs Selma e Dulce, receber uma poesia dele para cada uma. A minha sei de cor até hoje:

Soniazinha, Soniazinha,
Eu te quero muito bem,
Há muita criança linda,
Mas como Sônia, ninguém.

Ei ... quem é que está berrando
Nesse mato? "Sou eu, bem-te-vi",
... Como você berraria,
Se Sônia estivesse aqui.

"Hei! Quem é Sônia, seu moço?"
"Você não sabe quem é?
Bem-te-vi, meu sem-vergonha,
É a sexta irmã do José.

Gosta muito de balanço,
Arroz, galinha e tutu.
Nasceu há quase seis anos
Na terra do sururu.

Por doce é como formiga,
Por sorvete é como o pai.
Toda a rua se alvoroça
Quando Sônia à tarde sai.

"Pois então vou ver esse anjo,
Essa menina sem par,
Vou gritar-lhe das palmeiras:
Bem-te-vi e ela há de olhar".

Se a quiser ver, em três tempos
Pode estar lá. Hum, fosse eu!
É na Rua Guanabara,
Quarenta e nove, entendeu?

E o bem-te-vi satisfeito,
Bateu as asas e voou,
Levando beijos e abraços
Que o papaizinho mandou.

Claro, o bem-te-vi ficou, para sempre, meu grande amigo e, ao ouvi-lo cantar, achava que era o bem-te-vi da Ilha Rasa que vinha me visitar. Até hoje, gosto de ouvir os bem-te-vis!

Aos dez anos, fui para a Alemanha. Papai foi convidado a ensinar português na Universidade de Hamburgo e resolveu levar Dulce, para estudar piano com um bom professor e a mim, como acompanhante dela.

Embarcamos no Cantuária Guimarães, em agosto, e um mês depois estávamos em Hamburgo, uma Hamburgo outonal, com as árvores já sem folhas, gelada, triste, sem sol e sem calor. Senti apertarem-me as saudades de casa, de minha mãe e do navio, onde pintava o sete e me divertia.

Ficamos numa pensão, enquanto papai procurava um canto para nós. Eu não entendia uma palavra de alemão e tinha de passar o dia inteiro naquele quarto frio. Só ouvia, bem ao longe, a voz de um menino brincando na rua. Um silêncio e, de vez em quando, aquela vozinha, lá longe. Eu, sempre tão levada da breca, comecei a chorar. Mais tarde, veio uma professora nos ensinar alemão.

Ir à escola era obrigatório e deixamos então o ensino "doméstico" e fomos matriculadas num colégio. E eu então fiquei sabendo, na Alemanha, pela primeira vez, o que era "ir à escola". Até que foi divertido. Algum tempo depois, estourou a revolução de 1930 e tivemos que voltar, do contrário, meu pai perderia o cargo no Colégio Pedro II.

Passamos em Hamburgo por um grande susto: Dulce teve tremenda infecção num dente, devido à barbeiragem comprovada de um dentista e chegou a ser desenganada, depois de sofrer três cirurgias na boca. Felizmente se recuperou, mas foi prejudicada em seus estudos de piano. Teria sido uma grande concertista e o professor estava entusiasmado com o talento dela. Papai quis processar o dentista, mas alguns amigos o aconselharam a desistir. Sendo estrangeiro, perderia na certa.

Chegando ao Rio, fui para a Escola Alemã, para não esquecer a língua. Comecei na classe brasileira e passei, no ano seguinte, para a classe alemã. O colégio tinha ótima disciplina, era muito bom e tinha muito bons professores. Mas, com a chegada do nazismo, as coisas pouco a pouco começaram a mudar. Os alunos já se cumprimentavam com um *Heil Hitler* (o que eu não fazia, nem me obrigavam). Cantávamos: *Bandeiras ao alto / Fileiras cerradas / Marchando com passo firme...* Então pedi que me tirassem de lá. Como o ensino da escola alemã não era equiparado ao nosso, tive que fazer o artigo 100 para completar o Ginásio e fazer o vestibular.

E assim, fui passando a adolescência, dividida entre estudos com bons professores e bailinhos de formatura, sempre com minhas irmãs e mamãe nos acompanhando, adorando ver a gente dançar e se divertir. Foi nessa ocasião que comecei a freqüentar as aulas de grego que meu pai dava uma vez por semana e fui assistente dele na Universidade do Distrito Federal. Nisso, ele foi preso mais uma vez e eu, em pânico, tive que assumir as aulas. Os alunos, entre eles, Antônio Houaiss, eram mais velhos do que eu. Na minha insegurança, levava as lições para papai dar uma olhadela. Carlos Lacerda, em seu livro *Depoimento*, conta que, nesses dias, havia um corre-corre danado na Casa de Correção, porque ninguém ali entendia grego para saber se aquilo era aula mesmo ou mensagem cifrada. Não sei dizer se isso é verdade, ou não, mas me lembro perfeitamente de policiais dando busca em nossa casa (a primeira e única vez que isso aconteceu) e levando os estênceis com as lições, muito eufóricos porque haviam descoberto, finalmente, um código.

Capítulo II

Teatro do Estudante

Antônio de Pádua, um aluno de papai que ia muito lá em casa, me convidou para ir à casa de Paschoal Carlos Magno, porque estavam pensando em organizar um teatro com estudantes. Eu disse: *Vou.* Mas sem ter a mínima noção do que seria aquilo. Fui por farra, nem conhecia Paschoal pessoalmente. Sabia que ele era poeta, ligado às nossas Embaixadas, que tinha vindo da Inglaterra e que estava com muita vontade de criar aqui um núcleo estudantil que se dedicasse a representar Shakespeare. Contava com o apoio de dona Ana Amélia Queiroz Carneiro de Mendonça, fundadora da Casa do Estudante. Quando cheguei, vi que a única moça presente era eu. Iam começar a ensaiar *Júlio César.* Paschoal, quando me viu, foi dizendo: *Por que não montarmos* Romeu e Julieta, *se já temos uma Julieta?* E me deu o monólogo do veneno para ler. Como sempre gostei de ler alto, li com um certo desembaraço.

Formou-se o elenco. O rapaz que me convidou faria o Mercúcio (e o fez muito bem, diga-se). Paulo Ventania Porto, um estudante de Direito, seria o Romeu, e Mafra Filho, um amador de talento e muita cultura teatral, faria o frei Lourenço. E as mulheres? Naquele tempo não havia muitas estudantes que quisessem enfrentar o palco. Lembrei-me de duas colegas minhas, Elvira e Ilka Salles da Fonseca. Faltava ainda a senhora Montecchio. Por sorte, elas tinham uma outra irmã, Ivette, que imediatamente aceitou o convite para se juntar a nós. Elvira foi uma ótima Ama. Era uma artista! Ficou minha amiga a vida inteira.

Paschoal não era um diretor de teatro. Era o que chamávamos, então, de um animador, Era necessário que alguém se ocupasse da direção. Itália Fausta, considerada nossa grande trágica, foi convidada e aceitou com entusiasmo, e com ela veio seu sobrinho, Sandro Polloni. E foi assim se formando o elenco que ocuparia por meses o restaurante da Casa do Estudante do Brasil, ainda no Largo da Carioca. Em pouco tempo, o espaço se transformou em Verona, e cadeiras e mesas se transformaram em meu balcão. Quando recebi meu papel, estranhei. Estava escrito assim:

AMA
Julieta!

JULIETA
Que é? Quem me chama?

AMA
Mãe.

Observando bem, faltam palavras na fala de minha interlocutora. É que recebíamos, na íntegra, só nossas falas, com a última palavra da personagem com quem estávamos dialogando. É o que se chamava "deixa". Era preciso prestar atenção para não perder a "deixa".

A tradução que usamos era uma tradução portuguesa de Domingos Ramos. Fizemos alguns cortes e mudamos algumas palavras, como por exemplo: *mentis*, trocamos por *mentiroso*, *amo* por *patrão*, *eu cá estou, teso e crespo*, por *estou firme, pronto para qualquer luta*, e assim por diante. Lembre-se que era a primeira vez que Shakespeare era montado, na íntegra, e em português, no século XX. Queríamos, mais do que tudo, que o texto fosse compreendido pelo público.

Itália Fausta, lutando contra nossa inexperiência, procurou explorar nosso ardor juvenil e trabalhar a ternura e o lirismo das palavras de Julieta e Romeu. Tenho certeza que se realizava em cada um dos personagens que nos ensinava. Era

visível seu contentamento por estar podendo fazer aquele trabalho, fugindo por algum tempo da pavorosa "ré misteriosa" que seu público exigia que fizesse cada vez que voltava ao palco, ou então do famigerado *O Mártir do Calvário,* obrigada a representar por contrato, fazendo ora Nossa Senhora, ora Madalena, todos os anos, durante a Semana Santa, em companhia de atores da velha escola.

Quando começamos a ensaiar a célebre cena do beijo, eu disse logo: *Eu não vou dar beijo fingido.*

Ao lado, com Paulo Porto, em Romeu e Julieta, *1938.*

Senti, no ar, um certo clima de escândalo... Risinhos... Beijo na boca era muito *forte*. Para mim, era a coisa mais natural do mundo e lógica. Eu, aliás, achava ridículos aqueles beijos no teatro. Até Dulcina e Odilon que eram casados, na hora do beijo se viravam e fingiam se beijar. Era a coisa mais ridícula que podia haver. E, quando chegou a hora da representação, beijei de verdade, houve beijo mesmo e pronto. Se fingisse, eu ia me desconcentrar no papel, pois se estou dentro de uma situação, apaixonada por Romeu, queriam por acaso (estávamos no Teatro do Estudante, em 1938) que eu ficasse pensando ser filha do professor José Oiticica, *menina de família*, como se dizia antigamente? E parece que aquilo impressionou. Muita gente imitou e, desde aquele dia, começaram a beijar de verdade, nas peças. Mas realista, só foi mesmo esse beijo. A cena no quarto de Julieta, em compensação, foi discretíssima, éramos meio inocentes...

A época de ensaios no Teatro do Estudante foi maravilhosa! A imensa alegria de estar junto, de estar fazendo alguma coisa de muito valor, só iria sentir muitos e muitos anos mais tarde, trabalhando com o grupo TAPA, em 1993. Com que entusiasmo saímos num caminhão a fim de espalharmos os cartazes anunciando a estréia! Naquele dia, voltei para casa para trocar de roupa e ir encontrar o grupo, quando, subindo a escada, ouvi mamãe dizendo às minhas irmãs: *Se ela pensa que vai sair por aí colando cartazes, está muito enganada.* Dei meia volta e voltei, com a mesma roupa, para a Casa do Estudante. Lá nos arregimentamos para cumprir a tarefa. Na manhã seguinte, a cidade amanheceu coberta de cartazes anunciando *Romeu e Julieta*. Estávamos no final do mês de outubro de 1938... E eu estava apaixonada por Romeu, e ele por mim...

O sucesso de público e de crítica foi compensador. Estreamos no Teatro João Caetano e logo depois o Ministério da Educação e Saúde nos levou para o Teatro Municipal, para algumas récitas gratuitas. Estava no maior dos contentamentos, recebendo parabéns quando, depois de todos, papai chegou pra mim e foi

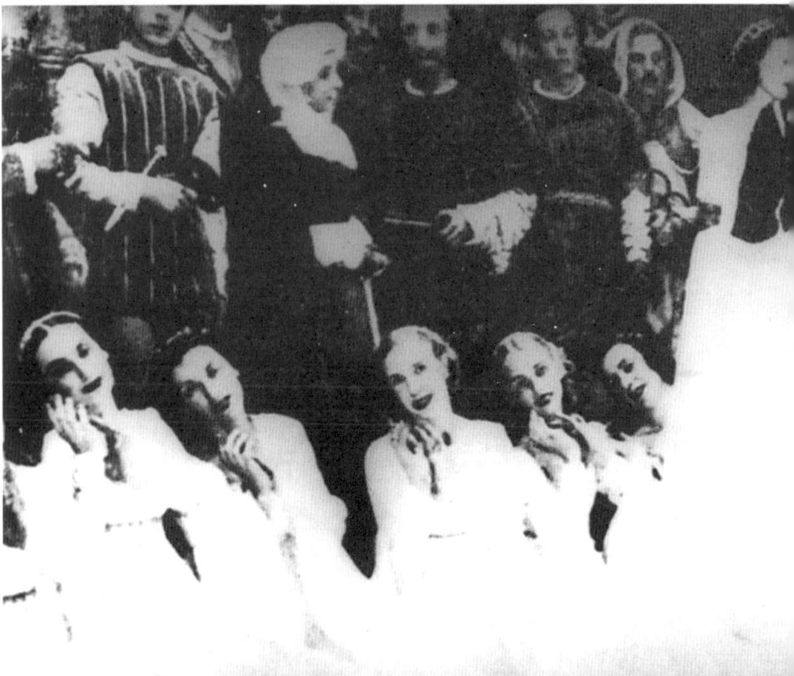

Acima, Sônia como Julieta, com o Teatro do Estudante do Brasil e o Corpo de Baile do Teatro Municipal do Rio de Janeiro, 1938.

dizendo: *Olha, minha filha, foi tudo muito bem, mas você tem que tomar cuidado com a dicção, porque você precipita muito as palavras.* O engraçado é que essa observação coincidiu com o que disse Rubem Braga numa pequena crônica bem humorada. Veja só: *... gostei de Mercúcio. Não gostei da mãe de Julieta. Gostei mesmo, de verdade, da Julieta. Um pouco impressionada*

com os gestos de Norma Shearer. Mas Norma Shearer é uma senhora. E a Julieta estudantil, que às vezes falava um pouco depressa... era, sem ser uma grande artista, uma excelente Julieta. Fui então estudar dicção, seguindo de boa vontade os conselhos de papai.

Hoje penso que a idéia de Paschoal Carlos Magno era formar um elenco de estudantes que representassem os clássicos (ou românticos, melhor dizendo) brasileiros.

A famosa cena do balcão de Romeu e Julieta, *1938.*

Tanto assim que o segundo espetáculo foi *Leonor de Mendonça,* de Gonçalves Dias, montado com acerto, capricho e muitíssimo bem interpretado por Yara Salles, fazendo a Duquesa. Mais tarde escolheram *O Jesuíta,* de José de Alencar, escrita (imagine!) especialmente para João Caetano, que a rejeitou. Teve razão. Era muito chato, mas cumprimos nosso dever. Percebi que uma atriz não pode fazer só o que gosta, e que deve caprichar bem mais nos papéis ruins.

Paschoal, tendo que se afastar novamente do Brasil, devido aos seus compromissos como diplomata, entregou a direção artística do TEB à escritora Maria Jacintha, conhecida como autora da peça *Conflito*, encenada com muito sucesso pela Companhia Dulcina-Odilon, em 1939. Maria Jacintha modificou a linha do Teatro do Estudante. Achou que o repertório de um elenco desse tipo deveria representar peças não só modernas, como mais próximas, pelo tema, aos problemas da mocidade. Isso atrairia um público mais jovem e ao mesmo tempo nos treinaria numa arte de representar mais de acordo com a

Sônia como Julieta, 1938.

Sandro e o elenco de Dias Felizes, *ainda sem Cacilda Becker, 1940.*

época. Não havendo, no repertório brasileiro, textos nesse estilo, escolheu duas peças francesas, muito simples, mas com um certo encanto: *Dias Felizes*, de Claude-André Puget e *3.200 Metros de Altitude*, de Julien Luchaire. Em *Dias Felizes*, colaborou conosco, pela primeira vez, Cacilda Becker. Lembro-me de sua chegada, em pleno ensaio, na Casa do Estudante. Chamou a atenção de todos nós pela beleza. Tinha um cabelo muito bonito, meio alourado e enfeitado com uma flor. Tenho quase certeza que existia essa flor. Pelo menos, eu vi. Com alegria e disposição, foi logo aceitando substituir Zezé Pimentel, que estava doente. Passados vinte anos, Cacilda, excursionando pela França, depois de ter se apresentado no Festival das Nações, me mandou um cartão: *Ao passar por Poitiers, lembrei-me, com saudades, de Pernette. Assinado, Mariana.* Cacilda não tinha se esquecido do Teatro do Estudante. Poitiers era a cidade onde se passava *Dias Felizes*, Pernette era a minha personagem e Mariana foi o seu primeiro papel no teatro.

Esther Leão, desde a fase comandada por Maria Jacintha, estava encarregada de dirigir todos os nossos espetáculos. Dona Esther era uma atriz portuguesa, muito dedicada, da escola antiga, trabalhando com jovens. Contradição que o teatro brasileiro daquela época não poderia evitar, de forma alguma. Procurava nos dar o tom exato da fala, o gesto que julgava ser do personagem, a movimentação mecânica: sobe à direita alta, desce à esquerda baixa, etc., e a partir disso adquiríamos a noção de conjunto e pouco a pouco, texto e personagem iam se tornando cada vez mais claros. Esther Leão era muito vaidosa. Tinha horror de envelhecer. Confessava que havia deixado de ser atriz, por não querer fazer personagens mais velhas...

Abaixo, em 3200 metros de altitude*: Milton Carneiro, Paulo Soledade, Dinorah Santos, Pedro Veiga, Sônia, Cacilda Becker, RIbeiro Fortes, Athayde Ribeiro, Britz Dias, Maria José Pereira de Souza e Antonio Di Monti, 1941.*

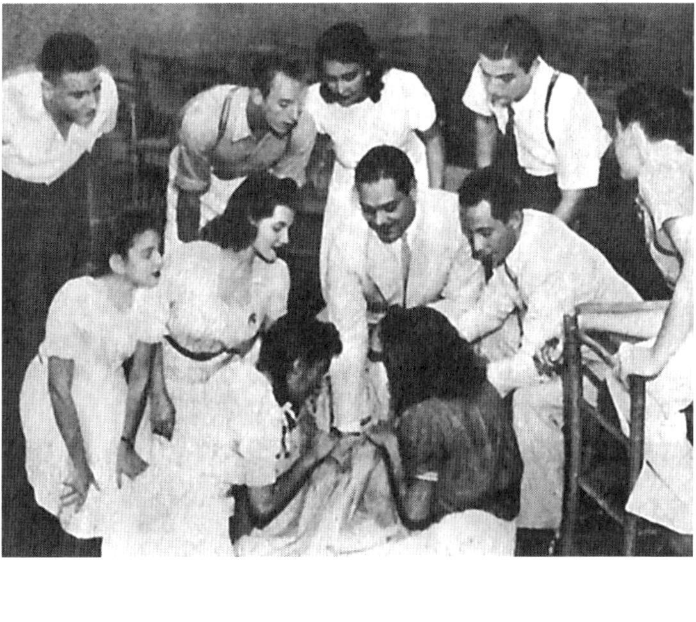

Capítulo III

Diferentes Caminhos e Teatro Profissional

Não me lembro de existir animosidade entre os jovens amadores do Teatro do Estudante e os atores profissionais. Jayme Costa enviou um telegrama a meu pai, felicitando-o pela minha estréia no teatro. Pouco mais tarde, Paulo Porto e Sandro Polloni foram chamados para a Companhia de Procópio Ferreira. Paulo, como ator e Sandro, como cenógrafo. Cacilda Becker e Milton Carneiro foram contratados por Raul Roulien. Danilo Ramires, Ribeiro Fortes, Cahué Filho e eu fomos, em 1940, para a empresa de Luis Iglezias, que formou um elenco para lançar Eva Todor no teatro de comédia. A peça, *Feia*, foi escrita por Paulo Magalhães e, conforme os costumes da época, a partir dos tipos que os atores contratados estavam acostumados a desempenhar: Modesto de Souza, um gaiato; Belmira de Almeida, a avó; Heloísa Helena, a jovem sofisticada; Eva Todor, por suas características, seria a menina engraçadinha. A mim e ao Danilo Ramires, que vínhamos de Shakespeare e Gonçalves Dias, nos couberam os personagens dramáticos: um cego e uma feia, entre duas irmãs bonitas...

Eu, a princípio, hesitei. *É bom para ti,* me disse Esther Leão. *Fizeste a Julieta e agora vais fazer uma feia...* Nessa temporada, eu estava fazendo cinema e então eu saía do estúdio da Cinédia toda maquiada de Maria Paula, uma das filhas do chefe da estação, em *Pureza*, do José Lins do Rego e ia fazer a Maria da Graça, a "feia", no elenco do Iglezias, no Teatro Rival, na Cinelândia. Tinha que limpar o rosto, vestir uma roupa largona, fora de moda. Eu mal sabia me maquiar. Belmira de Almeida e Modesto de Souza me davam uns toques: *... Enfeie o nariz, prenda o cabelo assim, assim.* O autor achava que eu deveria saber dizer versos e escreveu um primeiro quadro, no segundo ato, todo em verso. Eu chegava com a avozinha (personagem de praxe na comédia de costumes) e dizia: *Será ele, vovó, naquele banco ali?*

Em Pureza, *com Nilza Magrassi, 1940.*

E ela respondia qualquer coisa que rimasse com ali. Entre um ato e outro, Heloísa Helena cantava *novidades musicais*, acompanhada por uma orquestra típica.

O anúncio bem grande, publicado no *Jornal do Brasil* no dia da estréia, é curioso. Além de nossos nomes e nossas fotografias, indicava que a cenografia era de Collomb, o movimento de Lino e Lobato (não sei, não me lembro o que Lino e Lobato faziam. Seriam os encarregados da troca dos cenários?), a eletricidade era dirigida por Nelson Nobre e a direção musical era de DONGA!

Minha estréia no teatro profissional não foi das mais felizes, mas o sucesso da peça foi enorme. Três sessões diárias, de terça a domingo. Às cinco da tarde, às oito e às dez e meia da noite. Na Sexta Feira da Paixão fizemos, além das habituais, mais uma, às três da tarde. Todas lotadas!

Em Feia, *com Eva Todor e Heloísa Helena, 1940.*

José
Rio

Capítulo IV

Rádio

Da mesma forma que hoje alguns artistas de teatro fazem televisão, nós, na década de quarenta, fazíamos rádio. Gostaram da minha voz e acharam que eu seria a parceira ideal para o César Ladeira, considerado o melhor dos locutores brasileiros. Fui contratada em 1941 por Edmar Machado para a Rádio Mayrink Veiga, para fazer um programa muito bom: *A Vida em Perguntas e Respostas,* escrito por Genolino Amado, um homem muito inteligente que, num diálogo simples fazia com que conversássemos, eu e César explicando coisas, fatos e o significado de certas expressões.

Naquele tempo, a Rádio Mayrink Veiga se preocupava muito com cultura e tinha, ao lado de programas populares, coisas interessantíssimas e muito bem escritas. Tomei parte em vários deles: *Biblioteca do Ar,* redigida por Gilson Amado,

Antigamente Era Assim, de Celestino Silveira, urna espécie de *Rio de Janeiro do meu tempo,* relembrando acontecimentos e personalidades do Rio antigo; *Momentos Líricos,* de Eugênio de Figueiredo. Nesse, eu e Urbano Lóes, um locutor e intérprete que rivalizava em voz, com César Ladeira, recitávamos os principais textos das óperas, em português, é claro, antes dos cantores. Fiz vinte e um programas, dos mais variados. Tomei parte em radiofonizações de romances, peças teatrais, programas de cantores famosos, comentando ou dialogando com outros artistas. Tomei parte em adaptações, na íntegra, de filmes de sucesso ao lado de intérpretes excelentes: Lidia Mattos, Amélia de Oliveira, Anita Spá, Maria Sampaio e toda uma turma de teatro que já não atuava mais, mas foi atraída pelo rádio-teatro: Tereza Costa, mãe da poetisa Gilka Machado, Sarah Nobre, Abigail Maia, Cordélia e Plácido Ferreira que, nos anos vinte, fizeram parte da Companhia de Oduvaldo Vianna. No rádio, o que contava era a voz. Havia senhoras que faziam papel de "mocinhas", feias que interpretavam beldades e homens baixinhos que faziam sucesso como esbeltos galãs. Muito interessante era a sonoplastia. Na Mayrink, era comandada por Jair de Taumaturgo, um ótimo contra-regra e sonoplasta. Usava recipientes com água, torneiras, pouco ou muito abertas para dar a impressão de chuva, portas em miniatura, folhas de zinco para os temporais, cocos para os galopes dos cavalos. Tudo muito bem feito, sonorizado com capricho a fim de provocar a imaginação dos ouvintes e criar um ambiente favorável à situação.

Conheci na Mayrink um pessoal de música formidável: Ciro Monteiro, Edu, exímio tocador de gaita, Muraro, grande pianista, Luiz Americano, que gargalhava no saxofone, João da Baiana, pandeirista, Patrício Teixeira (que foi, depois, meu professor de violão). Um dia, fui escalada para um programa com um título engraçado: *Diversões Guaraina,* com César Ladeira, Urbano Lóes, Anita Spá, na parte falada, e na parte musical, Laurindo de Almeida, que, anos mais tarde, seria famoso violonista nos Estados Unidos.

Eu gostava muito do rádio. Aliás, gosto de qualquer coisa que me permita interpretar. Gostaria também de ter feito mais cinema, mas era um sonho distante.

Capítulo V

Cinema

O cinema brasileiro naquela época era deficientíssimo. Apesar de receber convites, sempre achava uma maneira educada de recusar. Carmen Santos chegou a convidar a mim e a Paulo Porto para o célebre *Inconfidência Mineira.* Paulo Porto seria Gonzaga e eu Marília. Mas não deu certo. Afinal, fui tentada pela adaptação do próprio José Lins do Rego, de seu romance: *Pureza*. O filme seria dirigido por Chianca de Garcia, vindo de Portugal, depois de ter feito um filme de muito sucesso, *Aldeia da Roupa Branca,* com Beatriz Costa. Com o diretor, veio o fotógrafo Aquilino Mendes e, não sei se já estava aqui, ou veio depois, também, Fernando de Barros, que era uma espécie de assistente e me vinha buscar todas as manhãs ou, seja lá, a hora que fosse. Dorival Caymmi compôs as músicas e Hipólito Collomb fez a cenografia. Filmamos na floresta da Tijuca (aliás, uma cena minha com Nilza

Magrassi, que fazia minha irmã, foi feita em frente a uma linda casa de fazenda, que não sei se hoje está restaurada, nem se ainda existe). Tudo levava a crer que teríamos um grande filme. Meus companheiros de elenco não podiam ser melhores: Procópio, Conchita de Moraes, Sadi Cabral, Nilza Magrassi, e os veteranos do teatro Sarah Nobre e Manoel Vieira, mas o filme para mim foi terrível. De quem a culpa? Dos diálogos aportuguesados do Chianca de Garcia que lembravam dramalhões portugueses? Da guerra, que impedia a vinda de filmes virgens, nos obrigando a falar sem parar, excluindo imagens que poderiam ser muito bonitas? Salvaram-se o grande Procópio Ferreira, que usou, para o pai jogador, aquele seu ar maroto, que na verdade escondia um sofrimento, uma desilusão profunda com a vida e Conchita de Moraes, atriz fortemente naturalista, que nenhum dramalhão português conseguiria abater. Quanto a mim, Otávio Gabus Mendes que fazia crítica de cinema em uma rádio de São Paulo, lamentou que eu tivesse arrebatamentos *à Bette Davis*. Mas quem permanece até hoje na lembrança de todos é o menino Joca na célebre cena da fuga, uma das mais belas cenas do cinema brasileiro de todos os tempos. A cena foi feita na piscina da Cinédia entrecortada com tomadas no Rio Paraiba e na Cachoeira de Marimbondo.

No set de filmagem de Pureza: José Lins do Rego, Sônia, Sérgio Serrano, Fernando de Barros, Sadi Cabral e Joca, 1940.

Muitos anos depois, entrando num elevador, o ascensorista me olhou e disse: *Dona Sônia, não me conhece mais?* Era o Joca, um artista de verdade que havia feito a melhor cena daquele filme desastroso.

Eu estava ainda no Teatro do Estudante, quando comecei a fazer Letras Clássicas, na Faculdade Nacional de Filosofia, movida pela lembrança das aulas de grego. O professor de literatura era Alceu de Amoroso Lima, "o doce Dr. Alceu", como dizia Nelson Rodrigues. Às vésperas de uma estréia, tive que fazer uma prova. O ponto sorteado foi *Lirismo: Cláudio Manoel da Costa.* E não vinha nada na minha cabeça e o professor pra lá e pra cá, passeando na sala. Aí pensei: *Tenho que escrever alguma coisa, não posso entregar a prova em branco!* E fiquei repetindo: *Lirismo, Cláudio Manoel da Costa* e, de repente, acrescentei: *é inimigo. Céus! Isso dá um verso de sete sílabas!* E pus-me a escrever:

Depois de andar um dia inteiro,
Em véspera de estréia na ribalta,

Como é que eu posso olhar para um tinteiro
E esperar, de uma prova, nota alta
Penso em lirismo, vem o sapateiro,
Papel de prova, lembra-me o programa,
E sem pena de mim corre o ponteiro,
Sem se importar com a hora que me chama,
E a hora passa e aumenta-me a tortura

E mais ainda para meu castigo,
fico a pensar que nessa hora dura,
Cláudio Manuel da Costa é inimigo.
Ao caro mestre peço o meu perdão,
E o desculpo também se não o der.
Não pode ele saber qual a aflição
que domina uma atriz numa première.

Escrevi, peguei dois convites para a peça, botei dentro da prova e entreguei a ele. Aí, fiquei morrendo de medo a semana inteira. Na aula seguinte, ele começou a mostrar o resultado das provas. Comentou uma por uma. e disse: *Por último, deixei a prova de uma aluna, a quem dei zero à aluna e dez à poetisa.* E me entregou. *Dividido por dois dá cinco, e então ela está habilitada para o exame final.* Que alívio! Não me lembro bem, e não sei se foi imaginação minha, mas acho que ele foi assistir o espetáculo. Se gostou ou não, nunca fiquei sabendo. Continuei, certa de haver já escolhido a minha profissão: o Teatro! Deixei a Faculdade no último ano e dediquei minha vida à minha escolha profissional. Foi bom. O que iria eu fazer hoje com latim e grego?

A época era de grande perturbação política e aí o perigo para meu pai, que continuava cada vez mais anarquista. Numa de suas últimas prisões, aliás nem sei por que dessa vez, houve muita dificuldade para soltá-lo. Então resolvemos, eu e mamãe, irmos falar com o Getúlio, em Petrópolis, onde costumava passar o verão. Sabíamos que era costume dele, depois do almoço, dar um passeio no quarteirão, acompanhado de seguranças disfarçados, que vinham um pouco atrás. Ficamos esperando. Quando ele chegou perto nos aproximamos e falamos com ele. Getúlio Vargas era uma pessoa contraditória. Tinha até uma certa simpatia. Ouviu nosso pedido, tomou nota e disse que ficássemos tranqüilas. Antes do Natal, papai estaria em casa. E ele foi solto mesmo, mas cumprindo prisão domiciliar. Passado um tempo, não agüentando mais ficar em casa, saiu de madrugada pelo quintal, caminhando até a praia da Urca. No dia seguinte, andou um pouco mais. No terceiro, foi mais longe e vendo que não acontecia nada, começou a sair normalmente e se esqueceram dele.

Deixei tudo para me casar, em 1944, com o meu primeiro amadíssimo namorado, Charles Edward Murray, que conheci quando tinha treze anos. Eu morava na Rua Paissandu, e ele tinha uma tia que morava em frente à nossa casa. Formamos um grupo e, à tarde, nos reuníamos para conversar. Ele devia ter uns dezesseis anos. Mais tarde foi estudar na Suíça e eu fiquei desesperada. Esteve muito tempo fora, e cada namorado que eu arranjava, desmanchava logo, me lembrando dele. Reatamos o namoro quando ele voltou. Levei um tempão para me decidir se casava ou não. Nosso casamento parecia uma coisa impossível: ele, filho de capitalista e eu, filha de um anarquista. Isso até que foi superável. Mas ele fazia uma exigência: que eu deixasse o teatro e não freqüentasse mais a Fraternidade Rosa Cruz, porque a família dele era católica. Achei que depois poderia dobrá-lo, mas não consegui e acabamos nos separando. Incompatibilidade de idéias e ideais.

Uma vez, já casada, e afastada do teatro por minha não livre nem espontânea vontade, fui, para amenizar minha tarde, até o Teatro Fênix, no centro da cidade, onde o Teatro do Estudante estava apresentando uma segunda versão de *Romeu e Julieta*. Me vesti de Senhora Montecchio, que era personagem mudo, e entrei em cena. Uma outra vez, fiz figuração no enterro de Julieta. Ninguém ficou sabendo. Nessa cena, parecia que o cortejo não acabava mais. Eram as mesmas pessoas que entravam e saíam diversas vezes. O público aplaudia muito, o desfilar solene do "grande" séquito. Acabada a sessão, voltava pra casa feliz com a "travessura"; mas o fato é que fui começando a perceber que o teatro estava me fazendo enorme falta e essa falta era bem maior do que minha promessa. Fui ficando infeliz e fui-me sentindo presa. Numa gaiola de ouro, mas presa! A muito custo, acabei conseguindo permissão para fazer um cursinho com René Simon, em Paris. Fui sabendo-me grávida, sem nada dizer; se dissesse, perderia na certa o que havia conseguido. Não seria justo ser impedida de fazer o que eu mais queria.

Minha filha nasceu em Paris e resolvemos amigavelmente nos separarmos.

Capítulo VI

Paris

Fiz um curso com René Simon em 1950-1951. Trabalhávamos textos clássicos e modernos. Os alunos eram muito bons, mas estudar e representar a cena em francês não era nada fácil. Às terças, fazíamos textos modernos, às sextas, textos clássicos.

Um dia, ele me disse: *Você poderá ser uma grande intérprete do teatro clássico em sua terra.* Disse isso para me agradar. Não era verdade, não. E também, mal sabia ele que, na minha terra, naquela época, ninguém fazia teatro clássico.

A coisa mais bonita que aconteceu nesse curso foi que um dia apareceu por lá o Gérard Philipe. Sentou-se atrás de mim. Fiquei sem fala.

Capítulo VII

Retorno aos Palcos

Com criança pequena, era difícil continuar no curso e voltei ao Brasil, só com minha filha e a esperança do teatro. Era, então, completamente responsável por minha escolha e consciente de que havia sido feliz durante seis anos de casamento, mas não deveria ter prometido o que não poderia cumprir. Há coisas mais fortes...

Voltando da França, fui fazer um programa com meu pai, na Rádio Ministério da Educação, chamado *Português: Língua Falada e Escrita.* Conversávamos sobre problemas da língua. Tinha um prefixo, que era um trechinho de uma música de Bach e um sufixo, como meu pai dizia, que era uma poesia dita por mim, no final do programa. Mas minha volta não se limitou ao rádio. Depois de quase dez anos afastada do palco, fui convidada por Madame Morineau para fazer *Jézabel*, com Os Artistas Unidos.

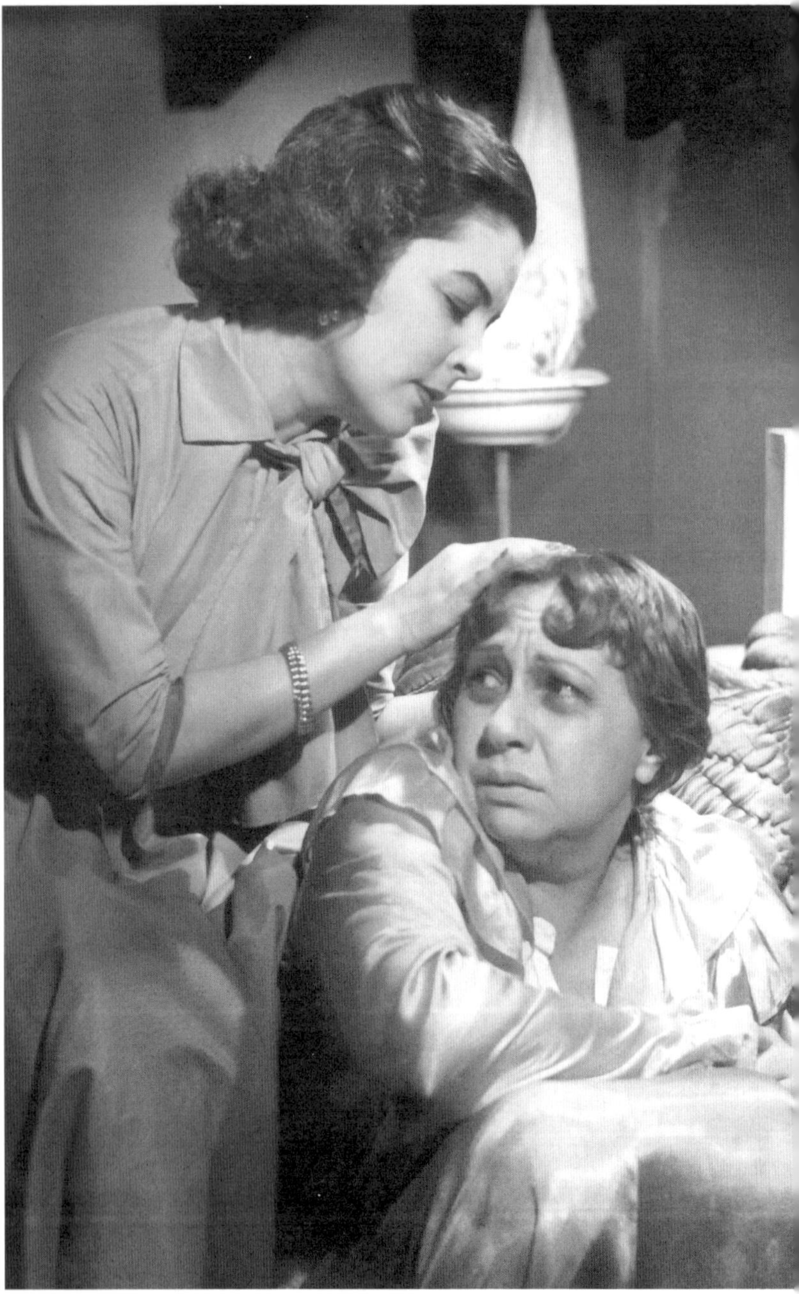

Eu já conhecia Henriette Morineau. Fiz com ela um curso na ABI (Associação Brasileira de Imprensa). Morineau nos ensinava a dizer poesias em francês. Escolhi um poema de Sully Prudhomme, *Les Yeux*: *Bleus ou noirs, tous aimés, tous beaux...* Mas isso talvez não venha ao caso.

Jézabel, a peça para a qual fui convidada, é de Jean Anouilh. Anouilh, nos anos 50, estava muito em moda. Todo mundo fazia Anouilh. Hoje, suas peças não oferecem o menor interesse. *Jézabel* para mim é um dramalhão, escrito talvez para aquelas atrizes francesas especializadas naqueles papéis de senhoras problemáticas. Esse texto nunca tinha sido montado. Foi estréia mundial aqui no Brasil.

Era um prato cheio para Madame Morineau: mãe viciada, no auge da decadência física e moral, apaixonada pelo filho (o grande ator Jardel Filho, em plena juventude). Como em todos os textos do autor, cabe aos moços a salvação. Meu papel, Jacqueline, tinha esse significado. Fazia tudo para salvar o rapaz daquele ambiente de depravação.

Ao lado, com Henriette Morineau, em Jézabel, 1952.

E a peça termina, sem deixar claro se ela iria conseguir ou não. No elenco, estavam também Laura Suarez e a já excelente Beatriz de Toledo, mais tarde Beatriz Segall.

Fui depois para o grupo de Maria Jacintha, que não era uma encenadora, mas diretora artística. Fizemos *Week-End,* de Noel Coward e *Já É Manhã no Mar,* da própria Maria Jacintha. Fomos a Niterói e representamos no Cassino Icaraí. Não havia público. Desastre total. É preciso que eu fale um pouco de Maria Jacintha. Era uma grande idealista que não ligava pro dinheiro. Foi ótima tradutora, crítica, dramaturga. Uma de suas peças, *Convite à Vida,* mereceu um prefácio elogioso de Mário de Andrade. Foi ela quem tocou o Teatro do Estudante quando Paschoal Carlos Magno teve que se ausentar e pouco depois, juntamente com Dulcina de Moraes e Odilon Azevedo, organizou aquelas célebres temporadas de arte no Teatro Municipal e no Teatro Ginástico, no Rio em 1944, quando Dulcina apresentou Bernard Shaw e Garcia Lorca, aderindo ao movimento de renovação do teatro nacional.

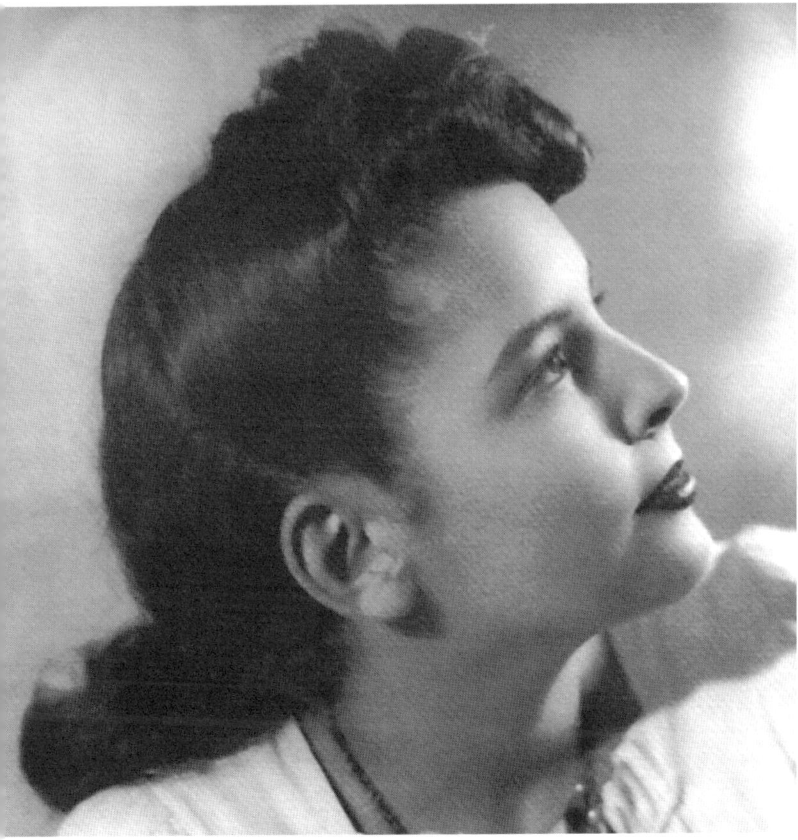

Capítulo VIII

Companhia Dramática Nacional

Fui, depois disto, contratada, em 1953, pela Companhia Dramática Nacional, idealizada por Henrique Pongetti, escritor e também dramaturgo. O plano era muito bom: criação de um elenco oficial, encenando somente autores brasileiros e com a obrigação de viajar pelo Brasil, cumprindo uma missão cultural. Vieram de São Paulo: Nydia Licia, Sérgio Cardoso, Leo Villar. Do Rio de Janeiro, sede da Companhia, foram contratados: Luiza Barreto Leite, Renato Restier, Miriam Roth, Guy Welder, Aurimar Rocha, Edmundo Maya, Maria Elvira e alguns elementos que estavam começando em teatro.

Um qüiproquó se instalou desde o início da organização. Atores veteranos foram procurar o Presidente da República, reclamando do dinheiro que seria dado para o novo conjunto formado, na opinião deles, por desconhecidos.

Tentavam convencer Getúlio que seria muito mais útil distribuir a verba para os vários elencos já existentes, do que gastá-la com *amadores*. A imprensa ficou do nosso lado e também Procópio Ferreira, que levantou a classe teatral paulista em nosso favor e ainda para agitar mais o ambiente escreveu uma carta ao Paschoal Carlos Magno (carta publicada imediatamente pelo *Correio da Manhã*). Procópio dizia não acreditar que atores que, a vida toda lutaram tanto para se manterem, viessem agora se aborrecer com uma ajuda oficial concedida aos seus companheiros mais moços. Terminava dizendo: *fazer discípulos, encorajá-los para o bem do teatro, é o papel, hoje, mais bonito de nossa carreira.*

Mesmo assim, prosseguíamos com um mesmo elenco na preparação de três espetáculos, para que pudesse haver uma continuidade em nossa temporada. Ensaiávamos no *High Life*, uma casa muito bonita no Catete. De manhã, ensaiava-se *A Canção Dentro do Pão*; à tarde, *A Raposa e As Uvas* e à noite, *A Falecida*. Isso era bastante cansativo para mim, mas sobretudo para Sérgio

Cardoso, que dirigia e atuava na *Canção Dentro do Pão,* se estafava no Esopo de *A Raposa e As Uvas* e, à noite, vinha para o ensaio de *A Falecida*. Acho que um trabalho desse tipo foi inédito no teatro brasileiro.

Uma semana antes da estréia, saiu finalmente a liberação da verba, num despacho malcriado de Getúlio Vargas: *... o assunto, cabia ter vindo à minha consulta antes de terem sido tomadas as providências que tornam o empreendimento consumado sem meu prévio conhecimento ou minha aprovação.*

Finalmente, abrimos a temporada com o texto inédito de Nelson Rodrigues: *A Falecida*, chamado pelo autor de uma "tragédia carioca". A crítica elogiou a criatividade do diretor, José Maria Monteiro, e nossas interpretações, mas não engoliu de jeito nenhum Nelson Rodrigues e sua *tragédia suburbana*. Alguns chegaram a se indignar e começaram as classificações: *peça brutal, grosseira, texto com tonalidade macabra, mais uma estória de marido enganado*.

Até Claude Vincent, naquele tempo considerada uma pessoa bem informada, nada percebeu da peça e declarou na *Tribuna da Imprensa,* em 10 de junho de 1953, como se pode ler nesse recorte: *Até segunda-feira, acreditava que Nelson Rodrigues fosse autor incontestável de uma peça autêntica* - Vestido de Noiva. *Hoje, creio que, em Zulmira, tinha o material para uma verdadeira tragédia que não se realizou. O que se realizou, sim, foi um espetáculo criado pela consciência do diretor e dos elementos da nova Companhia em torno de um texto dispersivo, cujos momentos teatrais são esmagados por acréscimos perfeitamente dispensáveis, ainda que caros ao estilo e à mentalidade especiais do autor.*

Para mim, a estória de Zulmira, *A Falecida* e toda essa temporada de ensaios, foi uma grande lição. Pela primeira vez, tive um texto inteiro nas mãos. Até aqui, só recebia as minhas falas e a última palavra de meu interlocutor, a tal "deixa". Fui dirigida por pessoas da minha geração e convivi com atores muito bons.

Ao lado, em A Falecida, *1953.*

Nos ensaios, com Sérgio Cardoso, José Maria Monteiro e Nelson Rodrigues, 1953.

Claro que, em *A Falecida*, estranhei aquele tipo de teatro, completamente diferente de tudo que eu estava acostumada a fazer. Não estava habituada com aquele diálogo do Nelson, hoje tão apreciado e único. Foi difícil para mim me adaptar às frases picadas, reticentes, frases que não acabavam inteiramente. Alguns diálogos naquele tempo ainda conservavam um tom literário. Hoje, que Nelson é reconhecido, causa estranheza o meu comentário, mas que me assustei um pouco, me assustei.

Em A Falecida*, com Sérgio Cardoso e Luiza Barreto Leite, 1953.*

Mas tanto o diretor, quanto o autor (que assistia a todos os ensaios) foram me esclarecendo sobre o texto e acabei me entusiasmando com a peça. *Ponha na sua cabeça que Zulmira é uma Madame Bovary do subúrbio.* José Maria Monteiro, como ele mesmo dizia, seguia um processo muito simples. Dava aos personagens farsescos a linha adequada; aos tipos do dia-a-dia, uma linha realista. Zulmira, segundo ele, misturava a personagem real, com a *personagem-lenda*, fascinada pela idéia de compensar suas frustrações com um enterro de luxo. Aliás,

essa idéia não me era estranha. Tivemos lá em casa, no 49, uma empregada galega que vivia sonhando: *Ai! Quem me dera morrer ... e ir naquele caixão tão lindo, cheio de flores, todo mundo a chorar. Ai! Ai! Quem me dera morrer.*

O que sei é que fui compreendendo aos poucos aquela linguagem, meio cinematográfica, meio crônica carioca, aparentemente banal, e através dela fui tentando chegar a um tom poético, carregado, às vezes, de uma certa angústia, como o diretor imaginava.

Em *A Raposa e As Uvas*, de Guilherme Figueiredo, fiz um pequeno papel, mas foi ótimo para mim ser dirigida por Bibi Ferreira, uma mulher inteligentíssima, e contracenar com Sérgio Cardoso, Nydia Licia e Leo Villar, que vinham de um aprendizado teatral muito moderno, aprendido com os jovens diretores do Teatro Brasileiro de Comédia.

Para se ter uma idéia do grau de preconceito contra Nelson Rodrigues naquele tempo, basta dizer que ganhei um prêmio de melhor atriz, que, está claro que deveria ter sido por *A Falecida*, onde fui elogiada e fiz um grande papel; mas, não. O prêmio foi pela criada de *A Raposa e As Uvas*, onde, já disse, meu papel nada tinha de excepcional, era só engraçadinho. *A Falecida* era proscrita e não merecia ser lembrada em prêmios nem mesmo para seus intérpretes...

Senhora dos Afogados marcou a segunda temporada da Companhia Dramática, no ano seguinte. Não há dúvida que a peça é uma paráfrase da peça de Eugene O'Neill: *O Luto Assenta Bem em Electra.*

Em A Raposa e as Uvas, *com Leonardo Villar, 1953.*

Mas aqui a peça se passa num tempo ideal, apesar dos nomes e referências realistas. Vivem, acho eu, formas de amor sem qualquer limite. Mas temem tais sentimentos e se enfrentam, cheios de culpa. Só as *mulheres do cais* que aceitam plenamente sua condição, aparentam uma certa paz.

Quem dirigiu foi Bibi Ferreira e a direção foi muito boa. Com pulso firme, evitava que nós caíssemos em exageros e quem sabe mesmo num bom melodrama. Não teria sido difícil. As rubricas e os diálogos levavam a um certo exacerbamento. Basta o exemplo deste diálogo:

Dona Eduarda

(rosto duro como uma máscara) *Deus fez tua vontade! Traí meu marido* (num grito maior) *Desce e vem chamar tua mãe de prostituta!* (Silêncio. Moema desce lentamente, Mãe e Filha, face a face).

Moema

Prostituta! (Moema passa adiante. Dona Eduarda cai de joelhos; chora sobre o corpo do amante).

Eu e Nathalia Timberg nos esbaldávamos nessa Mãe e nessa Filha (Nos odiávamos em cena, tanto quanto nos queríamos bem nos bastidores). Devíamos ser parecidas (assistindo ou lendo a peça vão saber por quê). Tinha aquela estória dos gestos de mãos de Moema serem iguais aos gestos de Eduarda.

Houve um preparo muito sério durante a montagem: Lídia Costallat cuidou da preparação corporal; Martinho Severo e Elza Silveira ensaiavam os Coros, com a bela participação de Maria Fernanda. Meu pai uniformizou a prosódia. Mas, pelo que eu me lembre, a crítica se enfureceu mais do que com *A Falecida*, um ano antes. Levei a primeira vaia de minha vida, nessa peça. Ficou evidente que a vaia era uma implicância com o autor porque quando Bibi aparecia, os aplausos cresciam. Quando Nelson, trazido pela Nathalia Timberg, vinha até o proscênio, a vaia recomeçava. Não respeitavam nem as autoridades que estavam ali no Municipal. Tenho lembrança que o Ministro da Justiça, Tancredo Neves, estava assistindo o espetáculo, e assim mesmo foi uma balbúrdia danada. O cantor Lucio Alves desentendeu-se com Henrique Oscar do *Diário de Notícias,* que vaiava indignado: *Vá gritar no circo!* - *A vaia é um direito,* o crítico respondeu. E uma outra espectadora mais exaltada gritava furiosa: *Imbecil! Você é incapaz de escrever duas linhas! Falta de patriotismo!*

O clima entre os atores na Dramática era muito bom. Eu e Nathalia fazíamos pequenos papéis nas outras peças: *A Cidade Assassinada*, de Antônio Callado e *As Casadas Solteiras*, de Martins Pena. Em *Lampião*, de Rachel de Queiroz, Nathalia fazia a sonoplastia e eu contra-regragem, entregando armas e chapéus.

Viajamos para Salvador e Recife. E o sucesso foi muito grande. O plano era chegar até Manaus. Mas, quando estávamos no Recife, mudou a direção do Serviço Nacional de Teatro e o responsável pela Companhia perdeu o cargo. Acabaram com a Dramática Nacional e nos abandonaram lá, sem um tostão para voltarmos para casa. Foi um "sufoco"...

Depois do sucesso de *Vestido de Noiva*, em 1943 veio o escândalo de *Álbum de Família*, proibidíssima por vinte anos. Nelson se tornou um autor ultrapassado ou maldito. Ele se defendia: Álbum de Família *é uma peça bíblica. Se você for ler o* Antigo Testamento*, lá tem tudo que tem na minha peça*. Quando começamos a ensaiar *A Falecida*, eu não o conhecia. Sempre tive um bloqueio muito grande para me relacionar com pessoas que admiro. Foi assim com Nelson. Vivia fugindo dele. Até que um dia, ele se aproximou e me perguntou: *Você também me acha um tremendo tarado, não?* Eu ri. Ficamos amigos.

Em Senhora dos Afogados, *com Carlos Mello, 1954.*

Capítulo IX

Perdoa-Me Por Me Traíres é Vaiada

Nelson Rodrigues achou a vaia de *Senhora dos Afogados* uma vaia insuficiente, muito parcial. Queria uma vaia total. E teve. *Perdoa-Me Por Me Traíres*, estreada, como sempre, no Teatro Municipal, em 1957, teve uma vaia sensacional, inesquecível. Houve briga na platéia e nos corredores do teatro. Um vereador, Wilson Leite Passos, puxou uma arma, e Nelson gritava do palco, querendo descer e se atracar com os que vaiavam. Nós o segurávamos e ele gritava: *Seus zebus! Seus zebus!... Querem caçar meu texto a bala!*

Eu fazia, em *Perdoa-Me Por Me Traíres*, uma senhora lituana, de profissão... não muito nobre. Tinham me chamado para fazer a Judith, mas quando cheguei ao local do ensaio, olharam para a minha cara e começaram a rir: *Do que é que vocês estão rindo?*

Ao lado em As Casadas Solteiras, *1954.*

Não vão dizer que querem que eu faça a Madame Luba!? - É isso mesmo, disseram. - *Que brincadeira! Imagine se eu vou fazer esse papel! Vocês estão doidos. Eu nunca fiz isso na minha vida!* Mas fui para casa acariciando a idéia. Afinal de contas, era uma coisa diferente. E no dia seguinte, eu disse: *Faço*. Então, mandei fazer um corpo de espuma para ficar bem gordona, com uns peitões. Fiz um nariz postiço e coloquei uma peruca horrível e fiquei bem vulgar. Fiz um sotaque lituano que, aliás, ninguém sabia como era o verdadeiro sotaque lituano, mas inventei um. Fiz três papéis na peça: Madame Luba, a dona do bordel, a Mãe de Gilberto e Tia Odete, aquela senhora que anda pela casa toda e repete sempre a mesma coisa: *Está na hora da homeopatia*. Na cena final, quando o Tio Raul morre, ela o abraça e diz *na sua doçura nostálgica*, talvez pela primeira e última vez: *Meu amor*. É um personagem que aparece algumas vezes em Nelson Rodrigues: uma bondade, meio obtusa, que às vezes se refugia na loucura, por ter presenciado algum ato mau e não ter podido reagir.

Em Perdoa-me... *com Maurício Loyola e Nelson Rodrigues, 1957.*

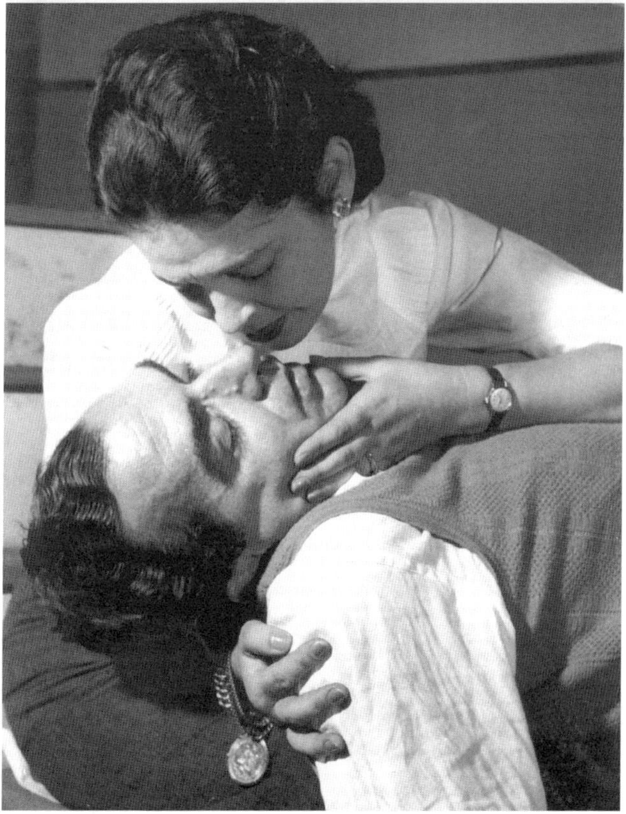

Os produtores sugeriram ao Nelson que ele poderia fazer um papel, justamente o Tio Raul. Ele aceitou, dando mil razões. Dizia que não tinha medo do ridículo, e que iria morrer pessimamente, de maneira bem feia, como todo ator deveria morrer. Ia mostrar como se morre em teatro. Nada de mortes elegantes, *à Laurence Olivier*. Durante uma semana, ele esteve dentro do Tio Raul, vestido de Tio Raul, sofrendo como Tio Raul, abusando da emoção. Tanto que, numa cena violenta, não se continha e "plaft", dava uma bofetada de verdade, em Dália Palma, que ficava furiosa com ele. Era supersincero, mas seu sofrimento não chegava à platéia. Não conseguia passar nada do papel. Tinha uma dicção péssima. Jogo de cena não havia. Só muita sinceridade, mas isso, em teatro, não basta! Foi substituído. Fez só uma semana e... ficou feliz!

Capítulo X

O Cravo do Dr. Jacarandá

Em meio a tudo isso, volto a lembrar Paschoal Carlos Magno. Devo minha carreira a ele. Paschoal era uma personalidade incrível, a quem o teatro brasileiro deve muito. Tinha muita imaginação, mas era consciente de suas invenções. Em tudo que dizia ou escrevia, metia o Teatro do Estudante, que na verdade foi a razão de sua vida. Estou me lembrando de um fato que não deixa de ser um exemplo do que estou dizendo: existia no Rio, um tipo popular, muito conhecido, o Dr. Jacarandá, que andava de fraque pelas ruas e trazia sempre na lapela, um cravo. Quando essa figura morreu, Paschoal Carlos Magno escreveu uma crônica, por sinal, muito bonita, onde dizia, entre outras coisas, que o Dr. Jacarandá não oferecia esse cravo a ninguém. Só uma vez o tirou da lapela para entregá-lo a mim, na estréia de *Romeu e Julieta*. Telefonei correndo para o Paschoal, dizendo que eu não estava lembrada desse fato acontecido há tanto tempo. Ele então, me respondeu muito à vontade, que eu não podia me lembrar mesmo porque o Dr. Jacarandá nunca, na vida dele, tinha ido ao Teatro do Estudante!... Pena.

Capítulo XI

São Paulo

Em 1958, vim para São Paulo, por motivos que agora não vêm ao caso. Vim para cá com toda prole, sem nenhuma perspectiva de trabalho. Quem primeiro me chamou para fazer alguma coisa foi Maria Thereza Gregori que fazia um programa muito assistido na TV Tupi: *Revista Feminina*, de segunda a sexta-feira, logo depois do almoço. Entre outras coisas, havia mini-seriados, pequenas estórias, adaptadas de contos ou filmes, dirigidas por Geraldo Vietri e, às vezes, por Ademar Guerra. Wanda Kosmo também me escalou um dia para um papel numa tragédia grega, também na TV Tupi, se não estou enganada.

Um ano depois, em 1959, Sérgio Cardoso me convidou para fazer uma japonesinha, em *O Soldado Tanaka*, de Georg Kaiser, no Teatro Bela Vista. Era um excelente texto. Sérgio era um diretor nato, o elenco teve ótimos desempenhos: Sérgio,

Alceu Nunes, Marina Freire e estreando no teatro profissional, Tarcísio Meira, já mostrando muito talento. Infelizmente a peça não foi sucesso.

Com Sérgio Cardoso em O Soldado Tanaka, *1959.*

No início dos anos 60, Clemente Portella me pediu para ajudá-lo na preparação de vozes em espetáculos que planejava montar (e montou vários) no Colégio Santa Inês. Trabalhei as vozes em dois deles: *Os Mistérios da Missa*, traduzido por João Cabral de Melo Neto e *A Fidalga do Vale*, dois textos de Calderón de la Barca.

As alunas eram dedicadíssimas, o Clemente era um encenador de bom gosto e algumas freiras muito habilidosas se encarregavam de executar os figurinos, com muito capricho. O resultado foi sempre muito bom, surpreendente para elencos tão inexperientes.

Outro dia fiquei sabendo que entre as minhas alunas, estava Cristina Pereira.

Mais ou menos nessa época, Sérgio Cardoso, um dia, chegou para mim, dizendo: *Sônia, vai haver uma comemoração em homenagem a Schiller e eu queria que você dissesse um texto em alemão.*
- *Está ficando louco*, eu respondi. *Meu alemão não chega a isso*. Mas ele insistiu. Era um recital

comemorativo do bicentenário do nascimento de Friedrich Schiller (1959), no Teatro Bela Vista. Eu então fui procurar uma professora na Escola Waldorff que falava muito bem, tinha uma bela dicção e pedi que me ouvisse e me ajudasse. Fiquei um pouco mais confiante e disse a minha parte, sem desconfiar que entre os presentes estava um senhor alemão que costumava fazer esse tipo de leitura. Era o Sr. B. A. Aust, que pretendia fundar um grupo permanente com amigos, para fazer leituras de textos clássicos e modernos. Se eu soubesse que ele estava na platéia, ia morrer de medo. Mas como não sabia, tudo correu sem problemas. Depois da leitura, ele foi falar comigo, me felicitou e me convidou para fazer parte desse grupo que ele estava planejando, o Studio 59. Daí pra frente me agreguei ao grupo e tomei parte em quase todas as apresentações que fizeram nestes anos todos. Foi muito bom para mim, porque tomei conhecimento de textos ótimos e me aperfeiçoei no alemão. Lemos textos de Goethe, Schiller, Bertolt Brecht, Büchner, Hauptmann, Tchekhov, Obaldia, poemas de Luciano e de Stefan Zweig.

Fizemos apresentações, algumas vezes nos teatros da Prefeitura, na Lutherhaus, na Kolpinghaus, aqui em São Paulo e em Campinas, e em São José dos Campos. A colônia alemã gostava e estava sempre presente. Os alemães são muito fechados; gostam de ter seus médicos, seus dentistas, seus bancos, e portanto falam e compreendem mal o português.

No Studio 59, *com Klaus Karall, Heinz Ziller, Jenniser Karall, Carolina Austin, Sônia, Lisita Hartmann e German Steppat, 1992.*

Aliás, os europeus, em São Paulo, sempre tiveram seus grupos teatrais. Como, na maioria, são cultos, fazem questão desse cultivo. Ficaram na história grupos ingleses, americanos, italianos e espanhóis. Os participantes do grupo alemão eram muito bons: Lisita Hartmann, que tinha sido atriz na Alemanha, Heinz Ziller, Wolfram Guenther, Ludwig Galg, Karin Balz, Henry Jolles, Alcino Soares, Ilse Wolf, Christine Flesch, Paul Hatheyer, Felicia Mann, Diva Reis, Klaus Karall e muitos outros.

Há uns dois anos atrás, resolveram fazer alguma coisa diferente, um texto de vanguarda, e escolheram *O Defunto*, de René de Obaldia. A peça não chega a ser indecente, mas é forte e irreverente. Talvez tenham escolhido o lugar errado para nos apresentarmos, o Lutherhaus, no Tremembé. O público ficou indignado com as *barbaridades* que eu e Lisita líamos. E foram saindo. Primeiro um, depois mais outro, depois uns três escandalizadíssimos. No final, nenhuma palma, nenhuma bendita palma!!!

Com a morte de "seu" Aust, sua esposa Carolina Aust assumiu a direção, mas veio a falecer, com 92 anos, em 2003.

Com o amigo Nelson Rodrigues, 1971.

Capítulo XII

Teatro Popular do Sesi

Fui trabalhar depois no Teatro Popular do SESI, numa peça muito bonitinha, *Manhãs de Sol*, de Oduvaldo Vianna, dirigida por Osmar Rodrigues Cruz. Osmar é o que eu chamo de um diretor tranqüilo, respeitoso, afeiçoado aos atores. O ambiente mais uma vez foi muito bom. Berta Zemel era a heroína romântica, apaixonada por Geraldo Del Rey (Dr. Álvaro) e eu, uma freira, Irmã Gabriela, muito compreensiva, às voltas com o casal de namorados. Nesse espetáculo, atuou pela última vez, Manuel Durães, fazendo o mesmo papel que fez quando a peça estreou em 1921. Durães foi um ator extraordinário, muito moderno para a época, representando dentro de uma linha naturalista, muito difícil de ser praticada naqueles tempos pelos atores. Osmar encontrou também uma antiga e interessante figura de um teatro de outras épocas, que se especializou no gênero caipira: Genésio

Arruda, que trouxe para o espetáculo sua bandinha. A peça não dava trabalho, não precisava de muito estudo. Tínhamos cuidado para não cair em clichês, porque todos os textos das chamadas *comédias de costume* eram marcadas pelos tipos, com um papel certo para cada ator do elenco. Berta Zemel (Leonor) fazia o papel escrito para a ingênua da Companhia. O meu, certamente, era o de Apolônia Pinto (a ela, sempre cabiam os personagens que estavam dispostas a ouvir e compreender tudo e um tanto açucarados...).

Foi nesse espetáculo que se deu um acidente terrível com o ator Jesus Padilha. Ele teve um derrame cerebral em cena. Foi operado, recuperou a fala, graças ao devotamento da professora Mylène Pacheco, mas nunca mais conseguiu trabalhar no palco. Uma grande perda para o teatro, porque não há dúvida que teria pela frente uma bonita carreira.

Passei, nesse mesmo elenco, de Oduvaldo Vianna a Frederic Schiller, em *Intriga e Amor*.

No Teatro Popular do SESI, nos sentíamos muito seguros. Éramos bem tratados, e tínhamos a certeza de que teríamos trabalho por muito tempo.

Acho que foi Osmar Rodrigues Cruz quem me indicou para fazer a avó da *Moreninha*, na adaptação que Miroel Silveira e Cláudio Petraglia fizeram do romance de Joaquim Manoel de Macedo. Foi um musical que gostei muito de fazer e me deu grande prazer. Tive como companheiros: Marília Pêra, Perry Salles, Lúcia Mello, Zezé Mota, Cláudia Mello, Nilson Condé, Ricardo Petraglia, Regina Viana, Renato Machado, Paulo Contini, Iná Rodrigues. Se me refiro aos nomes de todo o elenco é porque havia um entrosamento, uma alegria entre todos os participantes, que só isso ajudava a passarmos ao público um espetáculo despretensioso, mas agradável e que fez bastante sucesso, em suas apresentações no Teatro Anchieta. Como eu disse, fui Donana, a avó da *Moreninha*. Um musical apela sempre para uma fantasia, não é um trabalho atado à realidade. Acho mesmo que permite uma criação não muito ligada ao mundo real, em postura, em figurino. Como sempre aparentei menos idade, fizeram muitas brincadeiras comigo. Alberto D'Aversa disse que eu legitimaria um complexo de Édipo e o crítico A. C. Carvalho do jornal *O Estado de S. Paulo* foi mais longe, dizendo que minha simpatia *justificaria o suscitar de algum romance platônico ou mórbido de qualquer dos estudantes se houvessem ocorrido a Macedo uns instantes de Nelson Rodrigues...*

Em A Moreninha, *1970.*

Capítulo XIII

TV

Tendo feito teatro e rádio, faltava-me a televisão. Fiz televisão quando ela ainda estava se iniciando, na TV Tupi, antes de me mudar para São Paulo. A transmissão era direta. Não podíamos errar. Fiz alguma coisa com Fernanda Montenegro, pequenos textos com Paulo Porto, ainda sob a direção de Chianca de Garcia. Fiz, em meados dos anos 50, um programa com Cyl Farney, *O Jovem Dr. Ricardo*, calcado naquela série americana de muito sucesso, *Dr. Kildare*.

Quando me mudei para São Paulo, fiquei algum tempo parada. Não conhecia o meio paulistano. Em 1966, Bibi Ferreira, que fazia um programa na TV Excelsior, na época funcionando no Teatro Cultura Artística, aqui em São Paulo, me apresentou ao Walter Avancini. Uns dias depois, resolvi escrever uma cartinha a ele, dizendo que eu estava à disposição para qualquer trabalho.

Em As minas de Prata, *1966.*

Ele então me chamou para *As Minas de Prata*, novela histórica de Ivani Ribeiro, baseada no romance de José de Alencar, passada no século XVII. Dessa vez, José de Alencar não me assustou e não me causou aquela péssima impressão que me havia causado com *O Jesuíta*, nos tempos do Teatro do Estudante, quando Paschoal Carlos Magno teve a infeliz idéia de tirá-lo do pó, achando que tínhamos obrigação de enfrentarmos textos brasileiros já esquecidos. *As Minas de Prata*, pelo contrário, foi um dos melhores trabalhos que fiz. Era uma mulher terrível, que no final acabava enlouquecendo. Tentei fazer essa loucura com a máxima contenção, sem gritos. Não foi de maneira alguma uma loucura espaventosa. Acho que me saí bem. O *videotape* começava a ser usado e isso fazia com que ficássemos menos amedrontados. Era possível corrigir erros. Mas, mesmo assim, Avancini dava berros homéricos quando errávamos. Era o jeito dele trabalhar. Qualquer errinho bobo ele já gritava, mas eu nunca me importei com isso. Tinha muita confiança nele. Era um ótimo diretor de atores. Com ele, eu ia corrigindo vícios e me aperfeiçoava.

E tínhamos certeza de que o que ele queria era apresentar um trabalho bem feito.

Lembrança da Telenovela "As Minas de Prata"
Cortesia de Kolynos e TV-Sul

Meu primeiro trabalho na Globo, em 1973, quando voltei para o Rio, foi *Cavalo de Aço*, também dirigida por ele. Eu era a governanta da casa do Ziembinski. Num dos capítulos, meu filho morre e me deram um texto onde deveria dizer uma oração. *Você já leu o próximo capítulo? Tem uma coisa horrorosa para você*, me disse alguém do elenco. Fui pra casa, li o texto e achei que era bom; decorei, estudei e no dia marcado, fui gravar. *Chi! Coisa de espiritismo*, resmungou o Avancini, *Vamos gravar logo isso!* E não é que a tal oração fez sucesso? Choveu carta pedindo cópias. Uma das cartas estava subscritada: *À dona Catarina, mãe de Aurélio.*

Gabriela, adaptada pelo Walter George Durst, também me deu muito prazer. Foi um trabalho sério, com todo o elenco empenhado, na certeza de que estavam fazendo alguma coisa muito especial. A adaptação era ótima e o elenco não poderia ser melhor: Paulo Gracindo, Armando Bógus, Ary Fontoura, José Wilker, Rafael de Carvalho, Maria Fernanda, Sonia Braga, Jaime Barcellos, Fúlvio Stefanini e duas belas jovens, uma delas, no papel de minha filha: Nívea Maria e Elizabeth Savalla.

Há coisas engraçadas na televisão. Em *A Legião dos Esquecidos*, na Excelsior, aqui em São Paulo, fiz a mãe de uma menina que era uma *anti-atriz*, por excelência. Não acertava uma. Resultado: o autor desesperado mandou-a para um convento e eu tive que segui-la... Pulei, ou melhor, pularam-me da novela. Em compensação, em *O Campeão*, o Henrique Martins me perguntou se eu me importaria de fazer uma cena pequena, num bar. Eu disse que não, não me incomodaria a mínima. Fiz duas ceninhas. E aí, o autor da novela, Jaime Camargo, me telefonou se desculpando. Gostou das cenas e resolveu fazer um baita papel para mim. Tive até um cenário especial. Fui agraciada com um bom papel.

Tive ótimas experiências nas televisões: Excelsior, Tupi, Record, SBT, Bandeirantes. Na Excelsior, entrei em *Redenção* que repetia um pouco a idéia de *Peyton Place*, gerando estórias e mais estórias. Teve 596 capítulos.

Fiz uma novela com Dercy Gonçalves, *Cavalo Amarelo*, escrita pela Ivani Ribeiro. Como todo mundo sabe, Dercy tem o costume de não decorar nada. Chegava pra mim e perguntava: *O que é que eu digo hoje?* Explicava: *Acontece isso, isso, isso e você diz isso, assim, assim*. - *Ótimo!* Numa cena, que se passava num jantar, ela falando em francês, eu, Maria Femanda e Benjamin Cattan rimos tanto que o Henrique Martins, muito zangado, mandou todo mundo pra casa e adiou a gravação para o dia seguinte.

Em *Os Adolescentes*, na SBT, Beatriz Segall e eu éramos irmãs. Alugaram uma casinha no Caxingui, onde nós morávamos. Beatriz, costurando e eu, à procura de um namorado. Isso foi em 1981 e foi um trabalho que me deixou feliz. Trabalhei com alegria, entre ótimos colegas e um diretor, o Atílio Riccó, que nos dava muita liberdade para sugerir situações e detalhes. Dei a idéia para que fôssemos à *Festa Baile*, um programa que havia naquele tempo, muito ouvido e com público presente, comandado por Francisco Petrônio e que me parecia ser o local ideal

Ao lado, em Os Adolescentes, *1981.*

para a personagem arranjar namorado. Fomos. Gravamos lá, eu e o Emílio Di Biasi.

O trabalho em televisão é muito bom, se soubermos tirar proveito dele. O fato de estarem reunidos, em uma mesma tarefa, intérpretes dos mais variados estilos e idades, nos obriga a confrontos e renovação de modos de atuação. A convivência com atores jovens é uma maravilha. E também o convívio no dia-a-dia, com os colegas, faz com que a gente se conheça melhor e venha daí a espontaneidade, a naturalidade imprescindíveis no trabalho em televisão. Pena que tudo tenha que ser tão corrido e alguns atores tenham que apelar para os famosos clichês. Alguns até se saem bem. É a tal estória: existem boas e más *clicherias*.

Capítulo XIV

Novamente o Cinema

Gostaria de ter feito mais cinema. Na época em que fui mais solicitada, o cinema brasileiro era pobre e lutava com todas as dificuldades possíveis, inclusive artísticas. Com a terrível experiência de *Pureza*, tomei medo. Como não tomar medo, com o seguinte diálogo, que tive que fazer, com minha mãe:

EU

O que não é possível é ficar aqui, neste fim de mundo, espiando pelos jornais velhos o que vai longe, na vida...

MÃE

Pobre filha... A outra já se foi... Agora tu...

Hoje, quando o cinema no Brasil é, na maioria das vezes, de ótima qualidade, fiz pouca coisa e pequenos papéis.

Tive a sorte de me encontrar com Ruy Santos, figura histórica no cinema brasileiro, em *O Desconhecido*, uma adaptação para o cinema do livro de Lucio Cardoso. Não vi o filme, mas sei que o roteiro de Marcos Konder Reis é exemplar e que as imagens são belíssimas. Rachel de Queiroz, numa crônica, foi muito gentil comigo, dizendo que eu abdicara de minha celebrada (oh!) beleza para interpretar com garra a Elisa. Filmamos em Cataguazes, Minas. O bom dessas filmagens fora da capital é que ficamos conhecendo lugares, coisas e pessoas. Em Cataguazes, fui ao Museu onde se encontram documentos sobre a escravatura. Cheguei a tomar nota de alguns para não me esquecer. Lembro do caso de um escravo que foi libertado, com a condição de ainda servir dois anos ao seu senhor...

Voltei a fazer a avó d'*A Moreninha*, no filme de Glauco Mirko Laurelli. Claro que diferente do personagem do musical no teatro, onde cabiam certas excentricidades. Uma avozinha de vidinha mais simples, corriqueira, passada em Paquetá (embora Paquetá fosse Paraty), sem muito *glamour*. O filme é bonitinho, com Sonia Braga, bem mocinha, muito engraçadinha, fazendo o papel que Marília fez no teatro.

Participei do elenco de *Dôra, Doralina*, mas não consegui me ver no filme. Filmamos em Fortaleza e um médico, Dr. Pontes Neto, e sua senhora, gentilíssimos, nos ofereceram hospedagem. Vera Fischer e Perry Salles tiveram que voltar para o Rio para resolverem, creio eu, questões de verbas e ficamos parados quinze dias, passeando, indo à piscina, sem fazermos coisa nenhuma. Dinheiro correndo à toa.

Minhas cenas foram em Sobral, cidade das moscas. As moscas só não entravam pela boca quando você escovava os dentes. Todos os pratos, na hora do almoço, tinham que ficar virados até as pessoas chegarem. Aí virávamos depressa e uns meninos já estavam abanando para as moscas não pousarem.

Tive uma dificuldade com um leitão que eu deveria trazer para a refeição. Eu era a dona da casa, ou da pensão, sei lá... No primeiro dia, eu fui servir o leitão e a câmera pifou. O leitão voltou. No dia seguinte também não foi possível fazer a cena, levaram o leitão de novo. No terceiro dia, filmamos. Lá vim eu com o leitão, já não muito cheiroso, para desespero dos pensionistas...

Fiz a Dona Lygia, em *Bonitinha, Mas Ordinária*, um filme dirigido por Braz Chediak. Dona Lygia era a esposa do Dr. Werneck (interpretado por Carlos Kroeber), um sujeito horroroso que, na opinião dela, era mau só na aparência, *gostava de se fingir de mau*. E ela ficava repetindo: *Você é bom, você é bom*. E o homem era completamente tarado. Em hora de intimidade com meu marido, eu rezava (não me lembro que ora-

Bonitinha, mas ordinária, *cor*
Carlos Kroeber,198

ção). Pior foi o pessoal caçoando de mim, enquanto filmávamos as cenas íntimas. Nelson Rodrigues, numa reportagem, distribuiu elogios para todo mundo, em termos bombásticos, como era seu costume: Lucélia Santos *é uma Duse*, Milton Moraes, *magistral*, José Wilker *transmite toda a carga dramática do personagem*, Carlos Kroeber *vai espantar a platéia*, Braz Chediak *deixou de comer e de dormir*. A mim coube a observação: *é um trabalho de uma delicadeza fantástica, mas digo, trabalho genial...*

Capítulo XV

Outras Viagens

Não costumo me queixar, não sou saudosista. Tive bons e maus momentos, mas como disse Eleonora Duse: *vado, nel vento, cóme taluno che sa la sua stràda*. Fiz algumas viagens aos Estados Unidos e à Europa com meu primeiro marido e de uma delas guardo fortes recordações. Foi logo depois da Segunda Guerra Mundial. Fomos passar as festas de fim de ano em Nova York e a cidade estava resplandecente (afinal de contas, as nações aliadas tinham ganho a guerra). Tive a oportunidade de ver Ingrid Bergman numa peça muito interessante de Maxwell Anderson, *Joan of Lorraine*, dirigida pela Margo Jones, uma *expert* em teatro em arena e em Tennessee Williams, autor que estava começando a fazer sucesso por lá. A montagem da Playwrights' Company era muito curiosa para nós, brasileiros, não habituados ainda a ver *teatro dentro do teatro*.

Passava-se no ensaio geral, justamente, de uma peça, está claro, sobre Joana D'Arc. Ingrid Bergman, no auge de sua beleza e arte, impressionava. Estávamos hospedadas no mesmo hotel e eu cerquei-a e pedi que ela autografasse para mim o texto da peça e uns programas para trazer para os amigos.

De Nova York, seguimos para a Inglaterra, no Queen Elizabeth, um navio enorme e lindíssimo. A bordo, num camarote pegado ao nosso, ia um casal de atores de cinema, famosos na década de 40: Barbara Stanwyck e Robert Taylor. E também seguiam, no mesmo navio, e muito simpáticos, Stan Laurell e Oliver Hardy, o Gordo e o Magro.

Descemos em Southampton e fomos para Londres. Londres estava impressionante! Destruída, com racionamento de luz e de aquecimento. A direção do hotel que já conhecia meu sogro e por sermos estrangeiros, por deferência, naquele frio horroroso nos deu o apartamento do Príncipe de Gales, com um belo salão, com uma grande lareira, onde podíamos nos aquecer. Saí do hotel, passei numa loja toda empapelada de papel branco, e com uma pequena janelinha, sem o papel, com uma vela acesa, junto a uma jóia, para dizer que aquilo era uma joalheria. No meio da destruição, milagrosamente, a Catedral de Saint Paul, estava intacta!

Era impossível ficar ali. Um frio desgraçado! Não agüentamos e fomos para a Itália. A Itália, que tinha perdido a guerra, por incrível que possa parecer estava em melhores condições. Coisas destruídas, mas não havia aquele racionamento medonho de Londres, nem aquele frio horrível! A estada na Itália, apesar de tudo, foi maravilhosa. Voltei outras vezes, e nessas viagens fui a tudo quanto era Museu. Só passar em Florença foi pra mim, uma coisa inesquecível. Fiz questão de ir a Capri e ver San Michele. Não precisei, está claro, subir os setecentos e setenta e sete degraus fenícios, porque, há muito, foi construída uma estrada que nos leva aos maravilhosos jardins e à casa de Axel Munthe, descrita no inesquecível *Livro de San Michele*.

Que vista deslumbrante! Que luminosidade! Que azul! Os guias nos disseram que, ali por perto, o Imperador Tibério passou seus últimos onze anos de vida. Axel Munthe faz um comentário sobre o fato, num dos capítulos do livro: *Como pôde Tibério viver em lugar tão belo e ser tão cruel? Como pôde conservar a alma tão negra, sob aquela luz radiante do céu e da terra?*

Além das lembranças tão vivas da Itália, trouxe comigo uns desenhos do De Chirico, comprados em seu próprio estúdio, que tento vender em horas difíceis.

Sou grata a quem me proporcionou essas viagens. Foi tudo muito bom. Eu é que sou meio exigente com as coisas e com certos comportamentos.

Capítulo XVI

Rio de Janeiro

Mas... vamos voltar ao teatro. Fui convidada, em 1970, para fazer parte de um elenco a ser formado no Rio. Entusiasmei-me, desfiz meus compromissos com o Teatro Popular do SESI, em São Paulo, e viajei. Quando cheguei e entrei em contato com o responsável pelo convite, percebi que estava lidando com um visionário, completamente louco. Nada deu certo. Sem perspectiva de um trabalho artístico, fui fazer o que aparecia, para meu sustento e de meus filhos. Nelson Rodrigues me convidou para ser *relações públicas* de uma churrascaria (!!!) *O Bigode do Meu Tio*. Eu estava duríssima e aceitei. Trabalhava de manhã, percorrendo empresas interessadas e à noite recebia o pessoal. Para facilitar minha ida, ele passava de carro para me pegar em casa. O motorista perguntava: *Qual o caminho, Dr. Nelson?* Ele dizia sempre: *O mais curto que é o que tem paisagem*.

E... quase sempre era o mais comprido. Ele, com muita pena de mim - acho que ele deve ter ficado com muita pena - me pediu que fizesse parte do *show*, dizendo uma poesia toda noite. Assim fiz. Geralmente poemas de Fernando Pessoa. Entre uma garfada e outra, os clientes ouviam, um tanto surpresos:

Se já não torna a eterna primavera
Que em sonhos conheci
O que é que o exausto coração espera
Do que não tem em si?...

Tempos depois Nelson ficou doente e eu nunca mais fui ao *Bigode do Meu Tio*... Depois, fui chamada pela TV Globo, e fiz lá, como já disse, *Cavalo de Aço, Nina* e *Gabriela*. Fora da televisão, tive duas excelentes experiências, nessa minha volta ao Rio: *Anti-Nelson Rodrigues* e *Gota d'Água*.

Brincando, eu havia dito ao Nelson Rodrigues que ele devia escrever uma peça diferente, se possível com um final feliz, mais otimista.

Na novela Nina, *1977.*

Faça uma comédia!. E ele, então, depois de dez anos sem escrever, por problemas de saúde e compromissos em jornal, entregou um texto para a produtora Bléc-Bêrd (de Neila Tavares e Paulo César Pereio), *Anti-Nelson Rodrigues*, que de *anti-Nelson* não tinha quase nada.

Ele mesmo andou confessando que havia uma certa ironia no título. Explorava um outro lado de sua personalidade: o lado romântico (*sou um Pierrot de velhos carnavais*). Na minha opinião, um romantismo nostálgico de sentimentos puros, piedoso com certos personagens, cruel com outros. Uma cena lembra *Crime e Castigo*, de Dostoievski, aquela em que o Raskolnikoff se ajoelha em frente a Sônia. Na peça, quem se ajoelha é Salim Simão, diante da filha.

Eu fazia a mãe do *playboy*, o Osvaldinho. Como algumas das mulheres do teatro de Nelson, era uma frustrada que, para compensar a frustração, punha todo seu afeto no filho, mesmo sabendo que ele é um mau-caráter danado, que roubou até as jóias da mãe. Tereza é uma personagem dramática, sem possibilidade de uma saída na vida. Há qualquer coisa de caricatural em sua figura. Difícil de ser feita. Não sei se me saí bem. Estreamos em 28 de fevereiro de 1974, no Teatro Nacional de Comédia, hoje Glauce Rocha, na Av. Rio Branco. Todos muito simpáticos, mas... uma turma da pesada...

Na peça Anti-Nelson Rodrigues, *com Paulo César Pereio, Neila Tavares, Iara Jati, Reinaldo Cotia Braga, Carlos Gregório e Daniel Dantas, 1974.*

Gota d'Água veio depois, em 1975. Fui Corina, confidente de Joana, ou seja, a ama de Medéia. A peça, como se sabe, se baseou numa idéia de Oduvaldo Vianna Filho, de nacionalizar os clássicos, ainda em moda naqueles tempos. Seus autores, Chico Buarque de Holanda e Paulo Pontes, escreveram o texto em verso, procurando uma revalorização da palavra, um tanto prejudicada nos anos 70. A *Medéia*, de Eurípedes, mudou-se para um conjunto habitacional, na periferia do Rio de Janeiro. O que Chico Buarque e Paulo Pontes quiseram era fazer uma aproximação do teatro brasileiro com o povo brasileiro. E isso foi conseguido, tendo por base uma tragédia grega que, adaptada ao subúrbio, poderia muito bem ter sido um fato trágico, digno de virar notícia em algum jornal popular.

Corina era um papel bem diferente de tudo quanto eu havia feito. A mais próxima era Zulmira de *A Falecida*. Mas Zulmira era de Aldeia Campista e como a peça se passava nos anos 50, morava, com certeza, numa casa de vila. Corina era mais povo, vivia num conjunto habitacional, longe do centro, quase favela.

Em cena de Gota D'Água, 1980.

Parti de uma composição exterior. Sempre achei que, no teatro, o hábito faz o monge. Li, não me lembro onde, que o ator francês Charles Dullin conseguiu chegar a um personagem de Pirandello usando um gorro. Uma roupa bem pensada fecha o personagem, molda-o, facilita sua procura.

E foi o que fiz: tinha um chinelinho, o cabelo era preso num lenço velho, um avental, um vestidinho mixuruca. O calor era de amargar no teatro e o ato de enxugar as mãos e o rosto no aventalzinho, virou marca. Para você compor a alma de um personagem desses, você tem modelos ao seu redor, pessoas com quem você convive e, às vezes até sem querer, fica sabendo de suas vidas e de seus comportamentos. A empregada doméstica, a faxineira, a lavadeira (que hoje já não existe mais, mas foi uma presença viva em nosso dia-a-dia.) são ótimas referências. O bom diretor vai te orientando, indicando detalhes, apontando situações.

Gianni Ratto foi o melhor diretor que tive naquele período e tive a felicidade de trabalhar com Bibi Ferreira (extraordinária Medéia), amiga de longa data. Conheci-a quando estreou no teatro, em 1941. Fui eu quem a saudei, em nome do Teatro do Estudante, em sua primeira aparição no palco.

Não vim a São Paulo com *Gota d'Água*. Devo ter tido outros compromissos. Mas viajei depois por tudo quanto foi cidade, representei em tudo quanto foi palco, arremedo de palco e salões. Me lembro que estivemos em Londrina, Jaú, Presidente Prudente, Penápolis, Ribeirão Preto, São José do Rio Preto, Franca e sei lá mais. Às vezes, o local era tão pequeno que Bibi (agora responsável pelo espetáculo) pensou num estratagema para que nós pudéssemos levar a peça: colocava umas cadeiras, com todo mundo sentado. Na hora de fazer a cena, os atores se levantavam, assumiam os papéis, falavam o que deveriam falar e se sentavam novamente. Cuidávamos para que o clima do espetáculo não se quebrasse.

O Rio que encontrei, em 1970, nada tinha da cidade em que vivi tantos anos. O número 49 da Rua Guanabara - agora Pinheiro Machado - há muito que não existia. Era agora um senhor edifício de apartamentos. Palmeiras, muito poucas. Quando passava por Botafogo, já não conseguia localizar nossa outra casa, na Av. São Sebastião, na Urca, junto ao morro, com vista para a Baía da Guanabara. Rua tranqüila, onde também residia (morava na casa ao lado) Carmen Miranda, antes de partir para os Estados Unidos. A cidade nos anos 70 estava começando a ficar violenta e tinha perdido aquelas qualidades especialíssimas: alegria e generosidade. Que charmosos foram os anos 30/40! O mundo estava em guerra, mas tudo nos parecia tão distante. Vivi essa euforia, em acontecimentos que hoje não passam de brincadeiras. Não sei por que - nem sabia tanto inglês assim - me convocavam para recepções aos artistas americanos. Primeiro foi John Boles (que havia feito muito sucesso no filme *Stella Dallas*, com Barbara Stanwyck), depois foi Douglas Fairbanks Junior, vindo em missão de boa vizinhança, pouco antes de entrarmos na guerra. Eu, Raul Roulien, Bibi Ferreira, Odilon Azevedo, Adalgisa Nery, César Ladeira, Eros Volusia, Joracy Camargo, toda turma que sabia inglês foi convidada para um almoço com o ator. Era muito simpático e sorridente e nós nos esforçamos para tornar o almoço agradável (e nos divertimos à beça, sem ele desconfiar, é claro), Mas meu maior "momento de glória" foi dançar com Errol Flynn, em casa de Ana Amélia Carneiro de Mendonça, na Rua Marquês de Abrantes, em festa memorável promovida por sua filha, Barbara Heliodora. Errol Flynn, tão bonito na tela (*Gavião do Mar*), não me deixou impressionada. Era aquele tipo americano, meio avermelhado. Mas a recepção foi inesquecível, naquela casa linda, estilo francês, construída no final do século XIX.

É... o Rio do meu tempo, não existia mais!

No almoço oferecido a Douglas Fairbanks Jr, estão entre outros Raul Roulien, Sônia, Fairbanks, Bibi Ferreira e Odilon Azevedo, 1942.

Capítulo XVII

Volta a São Paulo

Tornei a voltar para São Paulo em 1979 e tive a sorte de fazer todas aquelas novelas que já registrei. No teatro, representei com jovens empenhadíssimos, *A Lira dos Vinte Anos*. Esse trabalho (substituí a atriz Selma Pellizon) significou muito para mim. Eu, que vivi tanto em minha infância e mocidade, períodos de severa repressão atingindo aqueles que me eram tão queridos, participava agora de um texto escrito por Paulo César Coutinho, e dirigido por Silney Siqueira, onde se tornavam presentes *os explosivos dias de 1968*. Um belo texto, dedicado pelo autor a uma geração que *tentou voar alto antes do tempo*, como deixou escrito no programa da peça.

Sem qualquer compromisso no momento, fiquei muito feliz quando me convidaram para excursionar pelo Brasil com *No Natal a Gente Vem Te Buscar*, do Naum Alves de Souza, agora sob a direção do querido João Albano. Ia tudo muito bem, quando eu, vestida e na coxia, já preparada para entrar em cena, soube, naquele instante, que a atriz principal tinha avisado, pelo telefone, que não podia mais fazer o espetáculo, porque estava doente. Foi substituída, mas a substituta, não me lembro em que cidade, também foi embora. Desta vez não por doença, mas nos trocou por uma novela na Globo. Aí, não houve mais jeito. Cancelamos as outras cidades. Mas tínhamos feito uma bela *tournée*: Natal, João Pessoa, São Luiz, Teresina, Aracaju, Ilhéus, Salvador, Fortaleza, Porto Alegre.

Capítulo XVIII

O Grupo TAPA

Mas a vida oferece, às vezes, compensações. Quando, numa tarde de 1993, entrei naquele palco, do Teatro Aliança Francesa, convidada pelo Grupo TAPA para participar de uma leitura de *Vestido de Noiva*, comemorando os cinqüenta anos da estréia da peça, acho que posso dizer que me senti, naquele momento, de volta aos meus dezenove anos, quando escolhi para a minha vida essa bela e mal compreendida profissão de atriz. Me receberam com carinho e respeito, e o entusiasmo daquele grupo de jovens profissionais, dirigidos por Eduardo Tolentino me comoveu.

A leitura foi um sucesso (havia desconfiança sobre a atualidade do texto) e resolveram montar a peça. Convidaram-me, novamente, para fazer a Madame Clessy.

É evidente que seria uma Clessy diferente de todas as outras que passaram pelo papel. Sou bem mais velha, não sou esguia e não tenho aquele tipo de mulher fatal que tinha a Olga Navarro, por exemplo.

Eduardo me colocou sempre em cena, tirando aquela voz em *off*, que ele julgava ser inovação nos anos 40, mas que agora não parecia mais ter sentido. Clessy seria mais terna, mais maternal, mais doce, apaixonada por aquele mocinho, que fazia com que se lembrasse do filho, morto aos 14 anos. Madame Clessy seria diferente dos demais personagens e teria também a função de guiar Alaíde em sua *descida aos infernos*. Foi muito importante para mim a participação de Zécarlos Machado que fazia o rapazinho. Excelente ator (também mais velho) convencia perfeitamente no apaixonado. Havia uma perfeita empatia em nossa relação. A verdade de sua paixão ajudava na exposição do meu afeto.

O processo de trabalho do TAPA era estimulante e diferente. Na preparação de *Vestido de*

Vestido de Noiva, *1994.*

Noiva, não houve leitura de mesa. Começávamos com relaxamento, alongamento, aquecimento de corpo e exercícios de expressão física das falas, ou seja: fazia-se uma roda, um de nós ia para o centro, dizia uma frase, deixando passar a sugestão física que ela te dava. Fazia-se isso diversas vezes, quebrando-se o óbvio, o esperado, o clichê, e se conseguia chegar a alguma coisa muito diferente da primeira. Isso levava tempo, às vezes duas horas, e como todos os atores participavam disso, criava-se um repertório comum a todo conjunto.

Em *Ivanov*, tivemos cursos sobre a cultura russa, conhecimento da língua e lemos vários artigos, que Eduardo nos passava a fim de nos facilitar a compreensão do país e do pensamento de Anton Tchekhov. Vimos também quase todos os filmes, adaptados ou filmagens na integra de suas peças. Conversávamos muito tempo. Experimentávamos a cena muitas vezes, ele dizia: *não é nada disso, joga fora*. Repetíamos, e juntos, atingíamos o que ele desejava. Eduardo Tolentino conduz os atores com alegria, amizade, muita serenidade e, sobretudo, com enorme competência e segurança. Os ensaios eram calmos, sem histeria, agradáveis e harmoniosos, Tenho uma saudade danada do TAPA.

É obvio que o ator não cria sozinho o seu personagem. Além da orientação do encenador, deve existir, desde os primeiros ensaios, uma compreensão entre todos, uma troca muito grande de energia. Os grupos que ficaram na história do teatro eram os que chamamos de *elencos estáveis*. A convivência diária traz entendimento, troca de idéias e quase sempre um empenho e identidade, que eu chamaria de identidade de propósitos, extremamente úteis para todo o grupo. A união vai aos poucos se tornando cada vez mais profunda.

Em *Vestido de Noiva*, eu, Clara Carvalho, Denise Weinberg, Lilian Blanc e Ana Lúcia Torre nos dávamos bem, desde os camarins. E isso acontecia com todo elenco. Sentia-se que um queria ajudar o outro em cena. Havia amizade. Era tão bom!

Essa comunhão em cena acontecia no Teatro do Estudante, na Dramática Nacional. Não me esqueço que na Dramática, além de Nydia Licia e Leo Vilar que me deram força nos primeiros tempos da Companhia (afinal de contas era o meu primeiro papel de responsabilidade, depois de quase dez anos de afastamento do palco), tive o apoio de Sérgio Cardoso. Naquela ocasião, não o conhecia pessoalmente e o mais curioso foi a coincidência de termos vindo, nós dois, dos *clássicos* do Teatro do Estudante. Ele *Hamlet* e eu *Julieta* e nos encontrarmos em Aldeia Campista, agora como Zulmira e Tuninho, em *A Falecida*, de Nelson Rodrigues. Sérgio se entregava muito aos atores com quem contracenava. Como sempre teve uma séria vocação para diretor, compreendia e se entrosava no papel do colega e isso me ajudou muito.

Algumas vezes, isso acontece também em elencos formados para uma única montagem. A interrelação que se estabelece faz a credibilidade de uma cena. Me lembro que, quando Wolf Maya entrou em *Anti-Nelson Rodrigues*, logo no segundo dia nos entendemos. Houve alguma coisa interessante em nosso relacionamento em cena. Parecia que nossos personagens se conheciam há muito tempo. Adivinhávamos o pensamento um do outro, na construção diária da cena. A mesma coisa aconteceu com Nathalia Timberg em *Senhora dos Afogados*. Apesar de sermos Mãe e Filha inimigas, havia entre nós uma compreensão de geração, de idéias e de estilo que fazia com que se estabelecesse uma espécie de *corrente interpretativa*, fácil de ser percebida na semelhança física e de gestos que o autor pedia.

Capítulo XIX

Excursões

As viagens com as Companhias sempre me deram prazer, talvez porque sempre tive a sorte de viajar com gente muito boa. Nos anos 50, o problema, às vezes, era com os teatros. Com a Dramática ocupamos locais bem diferentes. Quando viemos de Campinas para São Paulo, ficamos no Teatro Leopoldo Fróes, na rua General Jardim. Com o sucesso de *A Raposa e As Uvas,* prolongaram a temporada e fomos parar no Teatro de Alumínio, na Praça da Bandeira, insuportável pelo calor e pelo barulho infernal nos dias de chuva. Numa das sessões, à noite, quando alguém oferecia uma *iguaria* ao Esopo e tirava um guardanapo que estava cobrindo o pratinho, dá com duas enormes baratas instaladas ali, provavelmente desde a vesperal. As duas pularam e correram, uma para os pés da Nydia, outra para os meus. Sincronizamos os nossos pulos, cortando a solenidade da peça de Guilherme Figueiredo. No ano seguinte, a Dramática fez uma temporada no Nordeste. Todos nós sabíamos que morcegos terríveis habitavam os urdimentos do Teatro Santa Isabel, do Recife (teatro belíssimo, por sinal), E não deu outra. Quando, entusiasmados, enfatizávamos as falas de *Senhora dos Afogados*, eles despertavam e desciam em vôos rasantes até a cena.

Numa dessas viagens (*tournée* de *No Natal a Gente Vem Te Buscar,*) em 1991, me mostraram nos arredores de Fortaleza, uma oiticica, uma árvore frondosa que eu só conhecia de ver em gravuras. Me deram uma muda que mandei plantar perto de um riozinho, na chácara de uma amiga, mas a árvore não gostou do clima, nem da terra, eu acho, e acabou morrendo. Fiquei só com um galhinho, que está lá no meu quarto.

Nosso sobrenome liga-se a essa árvore por razões patrióticas. Nossos antepassados, Manoel Rodrigues Leite da Costa, e seu irmão José, assim como muitos alagoanos, resolveram adotar nomes brasileiros que não lembrassem suas origens portuguesas. Acho que isso foi em 1831, quando a oposição a Dom Pedro I tinha chegado ao auge, e o ódio entre brasileiros e portugueses era violento. Não sei em que reunião política, José Leite da Costa declarou: *Devemos adotar um nome brasileiro que nos distinga dos outros. Eu me chamo, de agora em diante: Pitanga*. Em seguida, Manoel Rodrigues Leite da Costa falou também: *Eu adotarei Oiticica*. E os chefes de família foram acrescentando novos nomes brasileiros aos sobrenomes, surgindo assim os Cajueiro, os Cansanção do Sinimbu, os Imbuzeiro, os Jatobá, os Palmeira, os Chechéo, etc.

Também foi nessa excursão, que num dia de folga em Aracaju, tomei um ônibus e fui parar em Maceió. Levei cinco horas atravessando o agreste, numa condução precária. Tinha idéia de uma paisagem tão diferente! Na Rodoviária, meu primo me esperava e no dia seguinte me levou ao Engenho para que eu finalmente viesse a conhecer o lugar onde nasci. Mas antes, na viagem de ônibus, ia imaginando como estariam as coisas. Em pensamento, ia recordando os sonetos que meu pai escreveu quando fez uma viagem de volta a Rio Largo, em condições bem diferentes da que eu estava fazendo naquele momento. Como estaria aquele Engenho? E vinham à minha cabeça versos esparsos:

Riachão! Remiro o engenho hoje parado
E a casa grande junto à capelinha,
O alambique, o curral, a água, o cercado,
Quase tudo que outrora me entretinha.

Foram-se cambiteiros, formas, cana

E sinto a minha vida, a vida humana,
A fugir-me, a fugir-me sem que eu queira...

Me emocionei vendo aquela casa. Disseram que está tudo como era antigamente, menos as colunas da varanda que eram de madeira e tiveram que ser trocadas. Mas estavam ali a sala grande, os quartos, a capelinha onde estão enterrados meu avô e minha avó, *... coisas de um tempo de nem sei mais quando...*

Duas matérias de jornal, que reli outro dia, falavam em *atores rodrigueanos*. Uma delas me chamava de *a mais rodrigueana de nossas atrizes* e a outra me colocava ao lado de Paulo Porto e Fregolente como rodrigueanos *eméritos*.

Não entendo bem o porquê dessa afirmação. Por não termos medo dos extravasamentos, da violência, muitas vezes expressionista, de Nelson Rodrigues? Coragem de enfatizar certas frases bombásticas? Desenhamos com mais força os personagens? Acho isso uma bobagem fenomenal. Todo ator pode muito bem fazer Nelson Rodrigues. É só procurar entender o mundo que ele descreve com tanta precisão. E eu tenho a impressão que conheço bem aquela maneira dele se expressar. As personagens têm suas nuances. Só muito poucas se assemelham. Pelo menos as que fiz foram bem diferentes. Moema era demoníaca, seu objetivo era destruir a família devido ao amor incestuoso pelo pai. Odiava a mãe, e era parecida em fisionomia e gestos com ela. Seu ódio, aliás, vinha dessa semelhança (era impossível não se ver na mãe e contemplar a própria culpa). Suas falas realmente beiram o melodramático. E isso causa um certo desconforto no público. Zulmira era uma pobre coitada, frustrada, desprezada pelo marido, que só pensava em futebol e no desemprego. Na verdade, não passava de uma parte bem pequena daquele mundo dolorido do subúrbio. Sua chave seria o lirismo, com um certo esboço, diria mesmo, trágico. Quanto a Madame Luba, não conhecia nenhuma dona de bordel para saber como devia fazer. Inventei. Fisicamente, ela já vem descrita na rubrica: *Madame Luba é uma senhora gorda, imensa, anda gemendo e arrastando os chinelos. Dá impressão de um sórdido desmazelo*. Como caráter, eu acrescentaria: é uma pessoa má. Maltrata as meninas, é violenta, não autoriza anestesia para o aborto de Nair. É o avesso de Clessy, que é terna e apaixonada.

Nelson Rodrigues tinha qualquer coisa de psicólogo, em relação às mulheres. Ou conhecia bem, ou meditava sobre o assunto e chegava a conclusões acertadas. Tudo que dizia sobre as mulheres eu concordava. Era, também, um tremendo conhecedor da cidade do Rio de Janeiro. Um cronista da cidade. Observador, tirava cenas da realidade e colocava nas peças. Me lembro dele contar que o encontro de Zulmira com Pimentel se deu de verdade, numa daquelas sorveterias da Cinelândia, não sei se na Americana, ou na Brasileira. Não me lembro também - tudo isso era ele quem contava - se aconteceu com algum conhecido dele, ou se ouviu de terceiros.

Qualquer ator pode se sair bem nas peças de Nelson Rodrigues. É evidente que nas tragédias cariocas, atores que viveram ou vivem no Rio de Janeiro, bons observadores do espírito da cidade, do seu dia-a-dia, de seus dramas que a imprensa popular é pródiga em noticiar, vão ter mais probabilidades de viverem aqueles personagens de maneira mais convincente.

Em 1952, me casei pela segunda vez, com Luiz Canaes que, diferentemente de meu primeiro marido, nunca me impediu de fazer teatro. Tenho cinco filhos: Ana Cláudia, nascida do meu primeiro casamento, com Charles Murray, Eleonora, Luiz Otávio, Luiz Guilherme e Flávia, filhos de Luiz, todos bem nascidos e boa gente. Deles tenho sete netos. Muitos sobrinhos, dentre eles, Hélio que, desde criança, se mostrava inventivo, e de uma excepcionalidade rara. Creio que de nós todos foi o que mais se realizou artisticamente, pela sua coragem e decisão de seguir um caminho diferente. Livre, como sempre nos ensinaram a ser, Hélio teve o apoio de um pai extraordinário, que apoiava todas as idéias dos filhos, por mais estranhas que pudessem parecer. Hélio, ainda um menino, um dia me chamou para ver em seu quarto, em cima de uma cômoda, um tubo transparente, cheio de terra e de formigas. Ficava horas observando para onde iam, que caminho faziam e o porquê do caminho escolhido. Um dia decorou o nome de todas as ruas do Rio de Janeiro, onde começavam, onde terminavam. *Hélio, onde fica tal rua? - Começa no número tal da rua tal e termina no número tal, de tal rua*. Maluco! Uma outra vez, já bem mais tarde, meu irmão deixou que ele e Ferreira Gullar cavassem um buraco enorme no quintal. Queriam encontrar a palavra perdida! Hélio, infelizmente, acabou muito mal. Teve um derrame e ficou três dias jogado no chão, querendo pedir ajuda pelo telefone, sem poder alcançá-lo. Estava todo machucado. Quem o encontrou foi sua amiga Lygia Pape.

O pai de Hélio, meu irmão, José, é uma pessoa a quem devo render homenagens. Foi um homem maravilhoso: bom pai, bom marido, bom irmão. Era em tudo bom. Formou-se em engenharia, foi professor de matemática, mas um dia encantou-se pelas borboletas e foi estudar entomologia. Quis comprar um aparelho para desenhá-las, mas era muito caro e então resolveu ele mesmo fabricar um. Começou fotografando as borboletas e veio dai seu interesse pela fotografia. José foi considerado, no seu tempo, o décimo melhor fotógrafo do mundo.

Papai adorava música. Quando chegava em casa mais cedo, abria aquela vitrola, ainda de dar corda, e botava os discos de que gostava. Quis que todos nós estudássemos piano. A única que realmente iria fazer uma carreira seria Dulce. Dulce tocava lindamente. Tocou aos sete anos de idade e saíram críticas lindas sobre ela. Depois continuou e tocava cada vez melhor. Mas arranjou um namorado que não quis mais que ela tocasse. Casou-se e então, dando ouvidos à cretinice de um marido brasileiro cretino, nunca mais tocou.

No dia em que ele morreu, ela se sentou ao piano e tocou o dia inteiro, segundo me contaram.

Minha outra irmã, Vanda, foi uma cantora maravilhosa, excursionou, cantou muito pela Europa, teve críticas lindas também. Publicou um livrinho, o *ABC do Canto*. Acabou sendo professora, muito estimada, na Universidade de Brasília. A terceira a se interessar pela arte, foi Vera. Vera dançava e foi assistente de Clara Korte, professora de dança, no Rio. Naquele tempo, haviam duas professoras famosas na cidade: Maria Olenewa e Clara Korte.

Seja lá como for, me considero uma pessoa feliz. Tive uma infância e adolescência cheia de confusões, por causa das prisões de meu pai. Mas conseguíamos superar o fato. Minha mãe era uma pessoa muito sensata e muito calma.
Parecia calma, porque calma ela não deveria ser, mas é que não gostava de demonstrar seus sentimentos. Devia sofrer pra chuchu. Quando papai demorava pra chegar em casa, já desconfiávamos que, com certeza, ele tinha sido preso. Qual-

quer levante, lá ia ele. Não deixavam avisar. Tínhamos que procurar, telefonar para os amigos, indagar na Casa de Detenção. Trabalhava muito, era um ativo anarquista, sofria as conseqüências disso, e minha forte ligação com ele vinha, certamente, de nossas afinidades. Eu e ele gostávamos de poesia, de música e de teatro. Meu pai foi, durante anos, professor de prosódia, na Escola Dramática Municipal, do antigo Distrito Federal (hoje Escola Martins Pena), escreveu várias peças de teatro e foi sobretudo um ensaísta e poeta. Digo sempre que vim a conhecer meu pai, melhor, quando comecei a ler seus escritos e suas poesias.

A arte teatral é feita também com pedaços de nossas vidas, sejam bons ou maus momentos. Minha carreira foi algumas vezes machucada, interrompida: primeiro pelo casamento, depois pelo nascimento dos filhos. Tive papéis bons, outros nem tanto. Quantas vezes tive vontade de fazer uma peça, mas quando ia ver, outra já estava fazendo. Mas isso tudo não fez de mim uma pessoa amarga, até que sou uma pessoa alegre. Na outra encarnação, não vou deixar ninguém passar na minha frente. Se tivesse que nascer de novo, escolheria ser atriz, mas cantora também. Não sei se isso será possível. Mas tenho adoração por música.

No teatro, não fiz tudo quanto desejava. Mas participei de três momentos muito importantes do teatro no Brasil. Fui da primeira turma do Teatro do Estudante do Brasil e foi sem dúvida o nosso sucesso (e quem disse isso também foi Carlos Perry) que animou o grupo Os Comediantes a prosseguir seu caminho. O Teatro do Estudante trouxe uma mocidade para o teatro, decidida a colaborar com a geração anterior no que fosse preciso. Os estudantes criaram o seu teatro e mostraram de certa forma que fazer teatro não era nenhum ato demeritório. Muitos anos depois, fui contratada pela Companhia Dramática Nacional, que optou por montar autores brasileiros, e entre eles, o *maldito* Nelson Rodrigues. Fomos pioneiros nisso, entre vaias e aplausos. Os textos de Nelson já haviam sido montados, mas somente *Vestido de Noiva*, num longínquo 1943 tinha merecido acolhimento. Impor, pelo menos oficialmente, a dramaturgia de Nelson Rodrigues, contra certa parte do público e talvez até da totalidade da crítica carioca, foi mérito da Companhia Dramática. O terceiro encontro benéfico foi com o TAPA. Lá me reencontrei com o teatro e de uma forma das mais felizes. Ter a possibilidade de fazer Nelson Rodrigues, depois de tantos anos e agora já não mais *maldito* foi uma grande experiência. Além disso, tomar contato com a obra de Anton Tchekhov, representar no palco uma peça de Jorge Andrade, autor que só havia feito em televisão e participar de um elenco que dá primazia ao trabalho do intérprete, foi sem dúvida, a melhor coisa que me aconteceu ultimamente.

Anton Tchekhov, além de grande dramaturgo, devia ser uma pessoa excepcional. Trata com tanta piedade o gênero humano! Em *As Três Irmãs*, o personagem Verchinine diz uma frase muito bonita: *... e se vivêssemos uma vida como quem faz um rascunho, e pudéssemos vivê-la de novo, passada a limpo?* Sei que o tom melancólico não é bem o meu estilo, mas que a frase é bonita, ela é.

Mas não seria um fecho a meu gosto, para terminar meu depoimento. Além disso, que tempo teria eu pra passar a limpo a minha vida? Se ela foi um rascunho, só espero que meu rascunho não tenha muitas rasuras.

Por motivos de saúde, pouco saio de casa. Hoje à tarde, Clara Carvalho veio me ver e trouxe um texto que ela traduziu do inglês: *O Cream-Cracker Debaixo Do Sofá*, de um autor chamado Alan Bennet. A personagem, uma senhora idosa, que mora sozinha, cai ao tentar apanhar um biscoito no chão e não consegue se levantar. Diz, portanto, todo o monólogo, sentada no chão. Foi feito por uma atriz inglesa. É aflitivo, mas tentador.

Quem sabe... se um dia, não poderei fazê-lo, também?

Ao lado, em Dulcinéa Vai à Guerra, *1980.*

Em Rasto atrás, *com Clara Carvalho, 1996.*

Fichas Técnicas

Teatro

1938

Romeu e Julieta (Julieta)
De William Shakespeare
Tradução: Domingos Ramos - Direção: Itália Fausta - Prod.: Teatro do Estudante do Brasil
Elenco: Sansão (Sandro Polloni), Gregório (Francisco Sette), Abrahão (Mário Barata), Balthazar

(Carlos Matos), Benvolio (J. Baptista de Alvarenga), Tebaldo (Athayde Ribeiro da Silva), Pajem (Francisco Sampaio), Capuleto (Victorio Capparelli), Sra. Capuleto (Ilka Salles da Fonseca), Segundo Capuleto (José Amaral), Montecchio (Paulo Baptista Pereira), Sra. Montecchio (Ivette Salles da Fonseca), Della Scala (Justiniano J.Silva), Romeu (Paulo Ventania Porto), Paris (Geraldo Avellar), Pajem (Francisco Maia), Pedro (Milton Gaspar), Ama (Elvira Salles da Fonseca), Mercúcio (Antônio de Pádua), Pajem (José Calheiros Bonfim), Fidalgo (Nicéas Avellar), Frei Lourenço (Mafra Filho), Boticário (José Rivera Miranda), Guarda (Cahué Filho). Primeira apresentação: 28.10.1938

1939

Uma Porta Deve Estar Aberta Ou Fechada (A Marquesa)

De: Alfred Musset

Tradução: Gustavo Barroso - Direção: Mafra Filho - Produção: Teatro do Estudante do Brasil

Elenco: O Conde (Paulo Porto). Primeira apresentação: 12.08.1939

Os Romanescos (Sylveta)
De: Edmond Rostand
Tradução: Carlos Porto Carreiro - Direção: Esther Leão - Cenografia: Oswaldo Sampaio - Figurinos e Contra-Regra: Sandro - Produção: Teatro do Estudante do Brasil
Elenco: Roseu (Paulo Porto), Benjamin (José Rivera Miranda), Pacheco (Sandro), Braz (Cahué Filho), Straforel (Geraldo Avellar), Tabelião (Antônio Di Monti). Primeira apresentação: 12.12.1939

1940

Feia (Maria da Graça)
De: Paulo Magalhães
Mise-em-scène: Esther Leão - Cenografia: Collomb - Produção: Luis Iglezias
Elenco: Lavínia (Eva Todor), Marilda (Heloísa Helena), Luisa (Belmira de Almeida), Pelópidas (Modesto de Souza), Carlos (Danilo Ramires), Lauro (Ribeiro Fortes), Fifico (Cahué Filho). Primeira apresentação: 07.03.1940

Dias Felizes (Pernette)

De: Claude-André Puget

Tradução: Maria Jacintha - Ensaiadora: Esther Leão - Cenografia: Sandro - Produção: Teatro do Estudante do Brasil

Elenco: Francine (Mariinha Abreu), Mariana (Zezé Pimentel, depois Cacilda Becker), Olivier (Athayde Ribeiro), Bernardo (Pedro Veiga), Miguel (Geraldo Avellar). Primeira apresentação: 17.10.1940

O Jesuíta (Constança)

De: José de Alencar

Adaptação: Mafra Filho - Ensaiadora: Esther Leão - Cenografia: Sandro Polloni - Figurinos: Osvaldo Mota - Produção: Teatro do Estudante do Brasil

Elenco: Conde de Bobadela (José Fernandes), Alferes Miguel Correia (Sidney Johnson), Basilio da Gama (Aldo Lins e Silva), Inês (Maria José), Estevam (Paulo Soledade), D. Juan Fuerte (Newton Sharp), Dr.Samuel (Mafra Filho), Daniel (José Abreu), Índio Garcia (Jair Silva), Padre Reitor (Antônio Di Monti). Primeira apresentação: 20.12.1940

1941

3.200 Metros de Altitude (Sônia)

De: Julien Luchaire

Tradução: Miroel Silveira - Ensaiadora: Esther Leão - Cenografia: Osvaldo Mota - Produção: Teatro do Estudante do Brasil

Elenco: Sérgio (Athayde Ribeiro), Vitor (R. Fortes), Artur (Pedro Veiga), Bento (Milton Carneiro), Irineu (Dalmo Gaspar), Armando (Antônio Di Monti), Vicente (Paulo Soledade), Marta (Mariinha Abreu), Zizi (Cacilda Becker), Georgette (Britz Dias), Maria Paula (Maria José Pereira de Souza), Magali (Dinorah Santos). Primeira apresentação: 12.04.1941

1952

Jézabel (Jacqueline)

De: Jean Anouilh

Tradução: Maria Jacintha - Direção e Mise-en-scène: Henriette Morineau - Cenografia: Benet Domingo - Efeitos de luz: Nilton Magalhães - Produção: Os Artistas Unidos

Elenco: Georgette (Beatriz de Toledo), Marcos (Jardel Filho), Pai (Armando Braga), Mãe

(Henriette Morineau), Rapariga (Lucilla Torres), Irmão (Francisco Dantas), Prima (Judith Vargas), Irmã (Laura Suarez). Primeira apresentação: 21.05.1952

Já é Manhã no Mar (Princesa)
De: Maria Jacintha
Direção: Ribeiro Fortes - Cenografia e figurinos: Osvaldo Mota - Produção: Teatro de Arte do Rio de Janeiro
Elenco: Poeta (Danilo Ramires), Velho (Roberto Galeno), Mulher (Virgínia Valli), Pajem (Almir Guimarães), Mendigo (Wilson Ribaldo), Homem do povo (Wilton Ramos), Guarda (Ivan de Sousa), Guerreiro (Jorge Gonzaga), Prisioneiro (Walter Amêndola), Rei (Ribeiro Fortes), Rainha (Aurora Aboim), Cortesãos (Waldir Finotti, Ivan de Sousa, Wilson Marco). Primeira apresentação: 06.11.1952

Week-End (Sorel)
De: Noel Coward
Tradução: Tindaro Godinho - Direção cênica e ensaios: Esther Leão - Cenografia: Wilson Ribaldo

- Produção: Teatro de Arte do Rio de Janeiro
Elenco: Simão (Isaac Bardavid), Judith (Aurora Aboim), David (Wilson Marco), Marta (Geny), Ricardo (Walter Amêndola), Myra (Virgínia Valli), Sandy (Jorge Gonzaga), Jackie (Hilda Cândida)

1953

A Falecida (Zulmira)

De: Nelson Rodrigues

Direção: José Maria Monteiro - Cenografia e figurinos: Tomás Santa Rosa - Produção: Companhia Dramática Nacional

Elenco: Madame Crisálida (Luiza Barreto Leite), Oromar (Aurimar Rocha), Tuninho (Sérgio Cardoso), Parceiros (Walter Gonçalves, Edson Batista), 1° Funcionário (Orlando Macedo), Timbira (Renato Restier), 2°. Funcionário (Luiz Oswaldo), 1ª Mulher (Guta Gamer), 2ª Mulher (Marina Lelia), 1° Homem (Leste Iberê), 2° Homem (José Araújo), Pai (Waldir Maia), Mãe (Miriam Roth), Cunhado 1 (Lauro Simões), Cunhado 2 (Guy Welder), Doutor Borborema (Agostinho Maravilha), Vizinha (Maria Elvira), Chofer (Lauro Simões), Pimentel (Leonardo Villar). Primeira apresentação: 08.06.1953

A Raposa e As Uvas (Melita)
De: Guilherme Figueiredo
Direção: Bibi Ferreira - Cenografia e figurinos: Anísio Medeiros - Produção: Companhia Dramática Nacional
Elenco: Cléia (Nydia Licia), Xantós (Leonardo Villar), Esopo (Sérgio Cardoso), Etíope (Adalberto Silva), Agnostos (Renato Restier). Primeira apresentação: 16.06.1953

1954

Senhora dos Afogados (Moema)
De: Nelson Rodrigues
Direção: Bibi Ferreira - Cenografia e figurinos: Tomás Santa Rosa - Produção: Companhia Dramática Nacional
Elenco: Eduarda (Nathalia Timberg), Avó (Wanda Marchetti), Paulo (Carlos Mello), Misael (Ribeiro Fortes), Noivo (Narto Lanza), Madame (Déo Costa), Sabiá (Ferreira Maya), Vendedor de pentes (Magalhães Graça), Vizinhos (Celme Silva, Waldir Maia, Elísio de Albuquerque, Walter Gonçalves), Coro de Mulheres (Cida Carneiro,

Mirtes Mendonça, Cerise Carneiro, Marina Ramos, Eudoxia Ferreira, Jerci Camargo, Leila Azar, Inadir Costa), Solista (Maria Fernanda). Primeira apresentação: 01.06.1954

A Cidade Assassinada (uma Mulher do Povo)
De: Antônio Callado
Direção: Mario Brasini /Ribeiro Fortes - Cenografia: Harry Cole - Produção: Companhia Dramática Nacional
Elenco: Rosa (Maria Fernanda), Mestre Antônio (Orlando Macedo), João Ramalho (A. Fregolente), Padre Paiva (Elísio de Albuquerque), Índios (Nestor Monte-Mar, Sidney Plader, Durval de Barros), Mameluco (Tulio Varga), Diogo (Narto Lanza),Visconde De Val de Cruzes (Carlos Mello), Lopo (Walter Gonçalves), Carcereiro (Ferreira Maya), Vasco (Leste Iberê), Lopo Alvarez (Antônio Mata), Anchieta (Valdir Maia), Mulheres do Povo (Nathalia Timberg, Celme Silva, Wanda Marchetti, Déo Costa). Primeira apresentação: 08.06.1954

1957

Perdoa-Me Por Me Traíres (Madame Luba, Tia Odete e Mãe)
De: Nelson Rodrigues
Direção: Leo Jusi - Cenografia: Claudio Moura - Produção: Gláucio Gil
Elenco: Nair (Yara Texler), Glorinha (Dália Palma), Pola Negri (Maurício Loyola), Dr. Jubileu de Almeida (Abdias do Nascimento), Enfermeira (Léa Garcia), Médico (Roberto Batalin), Ceci (Maria de Carlo), Cristina (Maria Amélia), Tio Raul (Nelson Rodrigues), Gilberto (Gláucio Gil), Judite (Maria de Nazareth), Primeiro Irmão (Weber de Moraes), Segundo Irmão (Namir Cury). Primeira apresentação: 19.06.1957

Paixão da Terra (Ana)
De: Heloísa Maranhão
Direção: José Maria Monteiro - Cenografia: Mario Conde - Guarda-roupa (supervisão): Nilson Pena e Agostinho Olavo - Produção: Festival do Rio de Janeiro
Elenco: Holandeses (Paulo Navarro,Nelson Gallo, Edson Batista, José de Freitas), Padre (Helio

Carvalho), Sinhazinha (Maria Guenard), Prostituta (Janete Singulani), Bispo (Dick Fred), Dama (Celeste Alves), Frade (Roberto Marco), Mucama (Heloísa Hertã), Negro (Waldemar Correia), Português (Claudio Ferreira), Mulato (Vlademir José), Beatas (Fábia Martino,Carmelita de Castro), Frade (Ivan de Souza), Corifeu (Raul Soares), Vendedora (Carimen Romay), Fidalgo (Manoel Prieto), Frade (Francisco Dias), Mulato (Nivaldo Gomes), Mendigo (Washington Alves), Frade (Sérgio de Souza), Dama do mico (Maria Olívia di Sábato), Escravo, Bastião (Matozinho), Pagé (Nelson Mariani), Jesuítas (Érico Fernandes, Hugo Barcel), Homem gordo (Ciro Braga), Guitarra (Zair Nascimento), Fidalgo enamorado (Mário Teixeira), Fidalgo adamado (Nilson Pena), Índia enamorada (Nicete Bruno), André Vidal (Paulo Porto), Poti (Ivan Senna), Negro (Eduardo Calixto), Negro jovem (Vlademir José), Arcebispo (Celmo Soares), Menino (Mário Petraglia), Henrique Dias (Grande Otelo), Feitor (Ivan de Sousa), Soldado (Orlando Miranda), Mucama (Inezir de Abreu), Mulheres do povo (Marita Passos, Lysette Jambeiro, Eny Novaes), Homens do povo (Sérgio

Werneck, Ney Portugal, Denoy de Oliveira), Calabar, General (Hamilton Ferreira), Desembargador (Manuel de Passos), Corifeu do cortejo (Jackson Costa), Nassau (Paulo Goulart), João Fernandes (Nelson Mariani), Piratas (Erick Heleno, Valter de Mattos, Anael Herrera, Roberto Marco), Cavalcanti (Ciro Braga), Sentinela (Edson de Oliveira), Guerrilheiro (Carlos Jamil), Senhores de Engenho (Ítalo Guimarães, Paulo Lorgus, Nilson Pena), Tapuia (Jackson Costa), Coro de negros (Mercedes Batista e conjunto). Primeira apresentação: 04.11.1957

1959

O Soldado Tanaka (Yoshico)

De: Georg Kaiser

Tradução: Gert Meyer e Sérgio Cardoso - Direção: Sérgio Cardoso - Cenografia e figurinos: Irênio Maia - Coreografia: Ismael Guizer - Produção: Companhia Nydia Licia-Sérgio Cardoso

Elenco: Avô (Georges Ohnet), Mãe (Marina Freire), Mulher (Zilda Maia), Pai (Jaime Pernambuco), Homem (Sérgio Dantas), Tanaka (Sérgio Cardoso), Wada (Guilherme Corrêa), Aldeões (Jamario

Alencar, Alberto Carmona, Dirceu Malagutti, Iracema Arditi, Paulo José, Rosires Rodrigues, Fúlvio Stefanini), Porteiro (Alceu Nunes), Dona do Bordel (Sydnéa Rossi), Soldados (André Lopez, Paulo Pinheiro, Yvan de Oliveira, Waldyr de Andrade), Moças (Rita Cleos, Rosires Rodrigues, Claudette Oppido, Zilda Maia, Iracema Arditi), Umezu (Zéluiz Pinho), Juiz (Tarcisio Meira), Advogado (Fúlvio Stefanini), Juizes adjuntos (Francisco Assis, Luiz Carlos Alem), Escrivão (Jamario Alencar), Guardas (André Lopez, Waldyr de Andrade). Primeira apresentação: 10.12.1959

1966

Manhãs de Sol (Irmã Gabriela)

De: Oduvaldo Vianna

Direção: Osmar Rodrigues Cruz - Cenografia: Clóvis Garcia - Figurinos: Renato Dobal - Produção: Teatro Popular do SESI

Elenco: Nhanhã (Marina Freire), Sinhá (Nize Silva), Pequitota (Ivone Hoffmann), Renato (Adolfo Machado), Edgar G. Aranha (Chiquinho), Álvaro (Geraldo Del Rey), Mestre Domingos (Manoel Durães), Leonor (Berta Zemel), Nitinho (João

Cândido), Zezé (Arnaldo Ferrari), Firmino (Aroldo Acedo), Criada (Nieta Junqueira), Banda de Genésio Arruda. Primeira apresentação: 30.08.1966

1968

Os Últimos (Sra. Sokolova)

De: Maximo Gorki

Tradução: Carlos Eugênio Marcondes de Moura

Direção: Antônio Abujamra - Cenografia: Gilberto Vigna - Figurinos: Isabel Pancada - Música: Paulo Herculano - Produção: Joe Kantor e Teatro Livre

Elenco: Sofia (Nicete Bruno), Jakov (João José Pompeo), Fidossia (Eleonor Bruno), Liubov (Nilda Maria), Vera (Deborah Duarte), Petia (Carlos Augusto Strazzer), Nadiejda (Maria Isabel de Lizandra), Alexandre (Francisco Solano), Dr. Liech (Ednei Giovenazzi), Ivan (Paulo Goulart), Jakorev (Lucas Gião), Criada (Eleuza Moreira). Primeira apresentação: 20.06.1968

A Moreninha (Donana)

De: Joaquim Manoel de Macedo

Adaptação: Cláudio Petraglia e Miroel Silveira - Direção: Osmar Rodrigues Cruz - Cenografia e figurinos: Flávio Phebo - Música original: Cláudio Petraglia - Coreografia: Jura Otero - Produção: Empresa Cláudio Petraglia

Elenco: Augusto (Perry Salles), Tobias (Carlos Alberto), Felipe (César Roldão Vieira), Fabrízio (Ricardo Petraglia), Leopoldo (Nilson Condé), Rafael (Gésio Amadeu), Quinquinha (Irene Teresa), Joaninha (Bruna Fernandes), Paula (Zezé Motta), Carolina (Marília Pêra), Clementina (Cláudia Mello), Violante (Lúcia Mello), Kleberc (Adolfo Machado). Primeira apresentação: 29.12.1968

1969

Intriga e Amor (Lady Milford)

De: Friedrich Schiller

Tradução e adaptação: Oswaldo Barreto - Direção: Osmar Rodrigues Cruz - Cenografia e figurinos: Clovis Garcia - Produção: Teatro Popular do SESI

Elenco: Miller (Rogério Márcico), Sra. Miller (Eugênia Waldemann), Luiza (Dora Castellar),

Fernando (Jacques Lagôa), Ministro (Jairo Arco e Flexa), Wurm (João José Pompeo), Von Kalb (Adolfo Machado), Sofia (Cecília Maciel), Soldados (Wagner Lourival Clini, Oswaldo M. Alves, Artur Pereira Netto). Primeira apresentação: 17.09.1969

1972

Dr. Fausto da Silva (Mãe de Fausto)

De: Paulo Pontes

Direção: Flávio Rangel - Cenografia: Gianni Ratto - Figurinos: Fabian - Música: Aylton Escobar - Coreografia: Fernando Azevedo - Produção: Help Produções, Sérgio Bittencourt, Max Haus, Moyses Aichenblat

Elenco: Dr. Fausto (Jorge Dória), Thiago de Almeida (Zanoni Ferrite), Marga (Geórgia Quental), Celso (Antônio Petrin), Susan (Heloísa Helena), Sua Excia. o Ladrão (Roberto Azevedo), Severino (João dos Passos), Maria Antonieta (Fernanda Amaral), Adolfo Hitler da Costa (Luiz Magnelli), Senhor de Unidos de Cabuçu (Catulo de Paula), Maria da Penha (Selma Lopes), Mario (Roberto Azevedo), Dante (Walter Breda), Madeira

(Celso Gill), Bailarinas e Bailarinos (Luci Gondar, René O'Hara, Odete Santos, Eny Chaves, Nestor Ragadale, Oswaldo Senra), Músicos (Magnus Wladimir, Alyrio Lima, Jayme Shields, Thomas Improta, Antônio Carlos Sarno). Primeira apresentação: 14.09.1973

1974

Anti-Nelson Rodrigues (Tereza)

De: Nelson Rodrigues

Direção: Paulo César Pereio - Cenografia e figurinos: Régis Monteiro - Música: Ian Guest - Produção: Bléc-Bêrd

Elenco: Osvaldinho (José Wilker), Gastão (Nelson Dantas), Salim Simão (Paulo César Pereio), Hele Nice (Iara Jati), Joice (Neila Tavares), Leléco (Carlos Gregório). Primeira apresentação: 28.02.1974

1975

Gota d'Água (Corina)

De: Chico Buarque e Paulo Pontes (inspirado em concepção de Oduvaldo Vianna Filho)

Direção: Gianni Ratto - Cenografia e figurinos: Walter Bacci - Coreografia: Luciano Luciani - Direção musical: Dory Caymmi - Produção: Casa Grande

Elenco: Joana (Bibi Ferreira), Creonte (Oswaldo Loureiro), Egeu (Luiz Linhares), Jasão (Roberto Bonfim), Alma (Bete Mendes), Cacetão (Carlos Leite), Nenê (Isolda Cresta), Estela (Norma Sueli), Zaíra (Selma Lopes), Maria (Maria Alves), Boca Pequena (Roberto Rônei), Amorim (Isaac Bardavid), Xulé (Geraldo Rosas), Galego (Angelito Melo). Primeira apresentação: 08.12.1975

1985

A Lira dos Vinte Anos (Clara)

De: Paulo César Coutinho

Direção: Silney Siqueira - Cenografia: J. C. Serroni - Figurinos: Alzira Andrade e Dulce Muniz - Produção: Tadeu e Tony Artes e Espetáculos e Marcelo Crevatin

Elenco: Diogo (D'Artagnan Júnior), Lucas (Pedro Pianzo), Marcos (Amaury Alvares), Regina (Dulce Muniz), Ninon (Alzira Andrade / Nirce Levin), Bruno (Paulo Drummond), Clara (Selma Pellizon / Sônia Oiticica), Cremildo (Benjamin Cattan),

Vigia (Lauro Senna) e Marco Antônio de Castro
Primeira apresentação: 16.05.1985 / Novas apresentações com artistas substitutos: 17.09.1985

1991

No Natal a Gente Vem Te Buscar

De: Naum Alves de Souza

Direção: João Albano - Cenografia: Márcio Tadeu - Figurinos: Carlos Pazetto - Produção: Casale Produções e Penha Artes

Elenco: Luiza Tomé, Cristina Pacheco, Alberto Soares, Rubens Rollo, Marcos Macedo. Primeira apresentação: 26.07.1991

1994

Vestido de Noiva (Madame Clessy)

De: Nelson Rodrigues

Direção: Eduardo Tolentino de Araújo - Cenografia: Carlos Eduardo Colabone - Figurinos: Lola Tolentino - Produção: Grupo TAPA

Elenco: Dona Lígia (Amélia Bittencourt), Dona Laura e Mãe do Namorado (Ana Lúcia Torre), Médico, Carioca-Repórter, Jornaleiro (André Garolli), Médico, Rapaz Romântico, Jornaleiro

(Brian Penido), Lúcia (Clara Carvalho), Alaíde (Denise Weinberg), 2ª Mulher, Médica (Einat Falbel), Oswaldo, Homem Inatual, Jornaleiro (Guilherme Sant'Anna), Gastão (Luiz Santos Baccelli), Mulher Inatual, 1ª Mulher, Mulher do Telefone (Lulu Pavarin), 3ª Mulher, Médica (Mika Winiaver), Pimenta, Médico (Paulo Giardini), Redator, Jornaleiro, Médico (Tony Giusti), Pedro, Namorado, Homem do Bordel (Zécarlos Machado). Primeira apresentação: 10.08.1994

1996

Rasto Atrás (Marieta, Poetisa)

De: Jorge Andrade

Direção: Eduardo Tolentino de Araújo - Figurinos: Lola Tolentino - Trilha sonora: Zero de Freitas - Produção: Grupo TAPA

Elenco: Mariana (Ana Lúcia Torre), Pacheco (Brian Penido), Pianista / Carregador (Bruno Perillo), Elisaura (Clara Carvalho), Vicente aos 5 anos (Daniel Machado), Etelvina (Denise Weinberg), Maria (Fabiana Vajman), João José (Genésio de Barros), Dr. França, Jornalista (Paulo Leite), Vaqueiro (Guilherme Sant'Anna),

Josina, Jupira (Haydée Figueiredo), Morozoni, Eugênía (Lilian Blanc), Maruco, Dr.Galvão (Luiz Santos Baccelli), Isolina (Lu Carion), Jesuína (Lulu Pavarin), Prefeito (Milton Andrade), Lavínia (Rosaly Grobman), Vicente aos 15 anos (Rubens Herédia), Vicente aos 23 anos (Tony Giusti), Dramaturgo (Walter Quaglia), Vicente aos 43 anos (Zécarlos Machado), Marcelo (Zeca Rodrigues).
Primeira apresentação: 23.02.1996

1997

Ivanov (Avdotia)

De: Anton Tchekhov

Direção / Tradução: Eduardo Tolentino de Araújo - Cenografia: Renato Scripilliti - Figurinos: Lola Tolentino - Produção: Grupo TAPA

Elenco: Ivanov (Zécarlos Machado), Anna (Denise Weinberg), Matvei (Milton Andrade), Pavel (Genésio de Barros), Zinaida (Elizabeth Gasper), Sacha (Clara Carvalho), Lvov (Brian Penido), Marfa (Cristina Cascioli), Kossykh (Chico Martins), Borkine (Ríba Carlovitch), Gavríla (Cândido Lima), Convidados e Camponeses (André Garolli, Bruno Perillo, Inês de Carvalho, Paulo Marcos, Sandra Corveloni,Tony Giusti). Primeira apresentação: 05.12.1997 (Mostra de Teatro Monte Azul), 16.04.1998 (Teatro Aliança Francesa)

2001

O Telescópio (Alzira)

De: Jorge Andrade

Direção: Zécarlos Machado - Cenografia: Grupo - Figurinos: Lola Tolentino - Produção: Grupo TAPA

Elenco: Francisco (Genésio de Barros), Rita (Lilian Blanc), Leila (Cristina Cascioli), Bié (Zeca Rodrigues), Ada (Einat Falbel), Geni (Fabiana Vajman), Luís (Paulo Marcos), Antenor (Chico Martins), Sebastião (Bruno Perillo), Vaqueiro (Tony Giusti). Primeira apresentação: 21.04.2001

Espetáculos Especiais

1964

Espetáculo comemorativo do quinto aniversário do *Concerto Matinal*, promovido pela Prefeitura do Município de São Paulo - Secretaria de Educação e Cultura - Departamento de Cultura.

Romeu e Julieta (2º ato, 2ª cena), de William Shakespeare, na inspiração dos compositores através dos tempos.

Participação: Orquestra Sinfônica Municipal, Coral Municipal e Escola Municipal de Bailado.

Tradução: Onestaldo de Pennafort

Intérpretes: Sônia Oiticica e Sérgio Cardoso

Apresentação: 31.05.1964

1994

Fragmentos e Canções

Trechos de músicas, frases e dramaturgia brasileira.

Direção: Eduardo Tolentino de Araújo - Produção: Grupo TAPA

Frases de Nelson Rodrigues: Sônia Oiticica, André Valli, Denise Weinberg, Clara Carvalho, Brian Penido, Luiz Bacelli

Toda Nudez Será Castigada: Lélia Abramo, Sônia Oiticica, Amélia Bittencourt

Apresentação: 24.10.1994

Leituras Dramáticas

1959 - 2001

STUDIO 59

Grupo de Leituras Dramáticas em alemão.

J. W. Goethe (*Torquato Tasso*, *Ifigênia em Taurida*); Friedrich Schiller (*A Noiva de Messina*, *Maria Stuart*); Friedrich Hebbel (*Gyges e Seu Anel*); Georg Buchner (*Woyzeck*); Bertolt Brecht (*Galileu Galilei*); Peter Palitzch, C. M. Weber (*O Dia do Grande Sabio Wu*); Anton Tchekhov (peças curtas); Stefan Zweig *(10 Poemas)*; Luciano (*Discurso dos Deuses*); René de Obaldia (*O Defunto*)

Leitores: Sônia Oiticica, Lisita Hartmann, Heinz Ziller, Wolfram Guenther, Ludwig Galg, Karin Balz. Direção: B. A. Aust e Carolina Aust

Foi lida, em português, *Ifigênia em Taurida*, traduzida por Pedro de Almeida Moura, com Sérgio Cardoso, Sônia Oiticica e Wilson Ribaldo

Rádio

Rádio Mayrink Veiga

Início em 1941

• *A Vida em Perguntas e Respostas*

Redação: Genolino Amado - Atuantes: Sônia Oiticica e César Ladeira

• *Antigamente Era Assim*

Redação: Celestino Silveira - Atuantes: Sônia Oiticica e César Ladeira. Efeitos sonoros: Maestro Alberto Lazolli

• *Ele e a Outra*

Redação: Armando Louzada - Atuantes: Sônia Oiticica e César Ladeira

• *Sonhos Musicais*

Atuantes: Sônia Oiticica e César Ladeira - Cantor: Edgar Lafourcade

Início em 1942

• *Seleções Mayrinkianas*

Redação: Castro Menezes - Atuantes: Sônia Oiticica, César Ladeira, Dilo Guardia

• *Noites Portenhas*

Redação: Carlos Brasil - Atuantes: Sônia Oiticica, Souza Filho, Simone Moraes

Início em 1943

• *Cortina de Veludo*

Redação: Jayme Faria Rocha - Atuantes: Sônia Oiticica e César Ladeira - Cantor: Carlos Galhardo - Arranjos orquestrais: Maestro Alberto Lazolli

• *Silhuetas*

Redação: Jayme Faria Rocha - Atuantes: Yara Salles, Sônia Oiticica, Souza Filho, Paulo Moreno

• *Show de Muraro*

Redação: Jayme Faria Rocha - Atuantes: Sônia Oiticica, Urbano Lóes, César Ladeira, Anita Spá, Armando Louzada, Wilma Faria, Luís Ayala - Pianista: Muraro

• *Momentos Líricos*

Redação: Eugênio de Figueiredo - Atuantes: Sônia Oiticica, César Ladeira, Urbano Lóes, Anita Spá

• *Cine-Rádio Teatro*

Adaptação: Celestino Silveira - Atuantes: Lídia Mattos, Maria Sampaio, Amélia de Oliveira, Anita Spá, Sarah Nobre, Sônia Oiticica, Nair Alves, Simone Moraes, Urbano Lóes, Souza Filho, César Ladeira, Edmundo Maya

Rádio Ministério da Educação
Início em 1953

• *Português, Língua Falada e Escrita*
Roteiro: Prof. José Oiticica - Atuantes: Prof. José Oiticica e Sônia Oiticica

Cinema

1940

Pureza (Maria Paula)

Direção: Chianca de Garcia - Produção: Cinédia
Elenco: Procópio Ferreira, Conchita de Moraes, Nilza Magrassi, Sarah Nobre, Sérgio Serrano, Roberto Acácio, Sadi Cabral, Manoel Vieira, Joca
Primeira exibição: 08.11.1940

1970

A Moreninha (Participação Especial: Donana)
Direção: Glauco Mirko Laurelli - Produção: Lauper Filmes Ltda.
Elenco: Sonia Braga, David Cardoso, Nilson Condé, Cláudia Mello, Carlos Alberto Riccelli, Tereza Teller, Vera Lúcia Lima, Roberto Orosco, Tony Penteado,

Carlos Alberto, Gésio Amadeu, Vera Lúcia Magalhães, Denise Lopes, Irene Pagliuso, Maria Bueno, Elisabeth Fonseca, Gilka Tanganelli, Stela Maia, Rosa Cardoso, João Roberto Simões, Clovis de Souza, David Cytrymowicz, Ademir Reis, C. E. Souza, Marco Antônio Leão, Julcir Rossi, João Geraldini, Roberto Cecoto - Participação especial: Lúcia Mello, Adolfo Machado. Primeira exibição: 01.04.1970

1978

O Desconhecido (Elisa)

Direção: Ruy Santos - Produção: Scorpius Produções Cinematográficas, Embrafilme, Ruy Santos Produções Cinematográficas

Elenco: Luiz Linhares, Isolda Cresta, Marcos Alvisi, Ruy Resende, Angela Valério, Manfredo Colassanti, Marcos Magini - Participação especial: Quinteto Villa Lobos, Murilo Santos, Geraldo Azevedo. Primeira exibição: 09.10.1978

1979

O Peixe Assassino (*Killer Fish*) (Nurse)

Direção: Anthony M. Dawson - Produção:

Fawcett-Majors Productions
Elenco: Anthony Steffen, Karen Black, Lee Majors, Margaux Hemingway, Marisa Berenson, Jorge Cherques, Fábio Sabag, Celso Faria, Chico Aragão. Primeira exibição: 15.10.1979

O Caso Cláudia (Mãe)
Direção: Miguel Borges - Produção: Artenova
Elenco: Kátia D'Angelo, Jonas Bloch, Carlos Eduardo Dolabella, Roberto Bomfim, Luiz Armando Queiroz, Nuno Leal Maia, Cláudio Correa e Castro, Rogério Fróes, Lilian Stavik, Waldir Onofre, Catalina Bonakie, Leonides Bayer, Carlos Alberto de Souza Barros, Newton Couto, Jorge Cherques, Eliana Dutra, Zélia Diniz, Fernando José, Procópio Mariano, Vinicius Salvatori, Amilton Sbarra, Hildegard Angel, Moacyr Deriquém, Celso Farias, Zilda Mayo, Maria Lúcia Schimidt, Paulo Neves, Carlos Branco, Sebastião Pimentel, Mariano Antero, Aldo Frei, José Alem Filho, Ivanette, Nelson Moura. Primeira exibição: 03.08.1979
Os Noivos (Ana)
Direção: Afrânio Vital - Produção: Aleph Filmes,

Scorpius Filme
Elenco: Neila Tavares, Reinaldo Gonzaga, Norma Sueli, Silvano Lopes, Julia Miranda - Participação especial: Maria Lúcia Dahl. Primeira apresentação: 10.12.1979

1981

Bonitinha, Mas Ordinária (Dona Lygia)
Direção: Braz Chediak - Produção: Sincrocine Ltda.
Elenco: Lucélia Santos, José Wilker, Vera Fischer, Carlos Kroeber, Milton Moraes, Monah Delacy, Míriam Pires, Xuxa Lopes, Eduardo Nogueira, Sávío Rolim, Jotta Barroso, Wilson Grey, Adalberto Silva, Procópio Mariano, Cláudia Ohana, Newton Canto, Lu Meireles, Miriam Fischer, Catalini Bassati, Petty Pesce, Nelson Moura, Banzo, Zaque Bento, Edson Ventura, Gilson Siqueira, Walmir Gonçalves, José Paulo, Cristina Kler, Cida Coutinho, Jefferson Coura, Carlos Santamaria - Participação especial: Henriette Morineau. Primeira apresentação: 26.01.1981 (pré- lanç.) , 02.03.1981 (lanç.)

Televisão

Novelas

1966

Redenção

De: Raimundo Lopes

Direção: Waldemar de Moraes / Reynaldo Boury - Produção: Excelsior

Elenco: Procópio Ferreira, Francisco Cuoco, Miriam Mehler, Lourdes Rocha, Márcia Real, Lélia Abramo, Sílvio Francisco, Zéluiz Pinho, Aparecida Baxter, Maria Cecília, Edmundo Lopes, Wilma de Aguiar, Márcio Trunke, Rodolfo Mayer, Vicente Leporace, Mário Guimarães, Verinha Darci, Edson França, Lurdinha Felix, Turíbio Ruiz, Jovelty Archângelo, Geórgia Gomide, Aldo César, Flora Geny, Rita Cléos

Início: 16.05.1966

As Minas de Prata (Dona Luiza de Paiva)

De: Ivani Ribeiro, baseada em José de Alencar

Direção: Walter Avancini - Produção: Excelsior

Elenco: Armando Bógus, Carlos Zara, Regina Duarte, Ivan Mesquita, Arlete Montenegro, Glória Menezes, Stênio Garcia, Felipe Carone, Fúlvio Stefanini, Suzana Vieira, Milton Ribeiro, Rogério Márcico, Vera Nunes, Jacira Silva, Riva Nimitz, Henrique César, Renato Master, Lidia Costa. Início: 11.1966

1968

Legião dos Esquecidos (Maria)

De: Raimundo Lopes

Direção: Waldemar de Moraes - Produção: Excelsior

Elenco: Francisco Cuoco, Newton Prado, Márcia Real, Silvio Rocha, Serafim Gonzalez, Rodolfo Mayer, Neusa Maria, Carlos Zara, Irina Greco, Armando Bógus, Lurdinha Felix, Vera Nunes, Regina Duarte. Início: 06.05.1968

As Professorinhas

De: Lúcia Lambertini

Direção: Lúcia Lambertini - Produção: Record

Elenco: Edy Cerri, Tamara Restier, Neide Duque, Elizabeth Gasper, Jovelty Archângelo, Murilo Amorim Correia, Luciano Gregório, Célia Rodrigues, Marcos Miranda, Rosa Seabra. Início: 08.1968

Ana

De: Silvan Paezzo

Direção: Fernando Torres - Produção: Excelsior

Elenco: Maria Estela, Íris Bruzzi, Aracy Cardoso, Célia Rodrigues, Edy Cerri, Haroldo Bota, Walter Avancini, Rolando Boldrin, Miriam Mehler, Antônio Pitanga, Sérgio Mamberti, Jovelty Archângelo, Marcos Paulo. Início: 07.10.1968

Com Maria Estela e Walter Avancini em Ana*, 1968.*

1969

O Bolha

De: Silvan Paezzo. Idéia de Walter George Durst

Direção: Wanda Kosmo - Produção: Bandeirantes

Elenco: Antônio Rafael, Jardel Mello, Claudete Troino, Xandó Batista, Lourdes Rocha, Marta Greiss, Ênio Gonçalves, Elaine Cristina. Início: 21.07.1969

1974

Cavalo de Aço (Catarina)

De: Walter Negrão

Direção: Walter Avancini - Produção: Globo

Elenco: Tarcísio Meira, Glória Menezes, Ziembinski, Betty Faria, Arlete Salles, Maria Luíza Castelli, Carlos Vereza, José Wilker, Milton Moraes, Stênio Garcia, José Lewgoy, Renata Sorrah, Suzana Gonçalves, Miriam Pires, Paulo Gonçalves, Mário Lago. Início: 24.01.1974

1975

Gabriela (Sílvia Bastos)

De: Walter George Durst. Adaptação do livro de Jorge Amado.

Direção: Walter Avancini - Produção: Globo
Elenco: Paulo Gracindo, Sonia Braga, Armando Bógus, José Wilker, Nívea Maria, Fúlvio Stefanini, Jaime Barcellos, Sérgio de Oliveira, Ary Fontoura, Castro Gonzaga, Rafael de Carvalho, Ana Ariel, Ângela Leal, Marco Nanini, Ana Maria Magalhães, Elizabeth Savalla, Francisco Dantas, Mario Gomes, Maria Fernanda, João Paulo Adour, Telma Reston, Jorge Cherques, Paulo Gonçalves, Hemílcio Fróes, Luis Orione, Gilberto Martinho, Eloísa Mafalda, Dina Sfat. Início: 14.04.1975

1977

Nina (Angélica)

De: Walter George Durst

Direção: Walter Avancini - Produção: Globo

Elenco: Regina Duarte, Antônio Fagundes, Maria Fernanda, Regina Viana, Rosamaria Murtinho, Mário Lago, Lúcia Mello, Luiz Armando Queiroz, Osmar Prado, Marcos Paulo, Maria Cláudia, Lúcia Alves, Mário Cardoso, Kátia D'Angelo, José Augusto Branco, José Lewgoy, Isabela Garcia, Carlos Gregório, Paulo Ramos, Ary Fontoura, Cristina Mullins, Norma Suely. Início: 27.06.1977

1979

As Gaivotas (Elisa)

De: Jorge Andrade

Direção: Antônio Abujamra / Henrique Martins - Produção: Tupi, SP

Elenco: Rubens de Falco, Yoná Magalhães, Isabel Ribeiro, Altair Lima, Berta Zemel, Cleyde Yaconis, Paulo Goulart, Cláudia Alencar, Haroldo Bota, Márcia Real, Wilson Fragoso, Laura Cardoso, Serafim Gonzalez, Edson Celulari, Elizabeth Gasper, Cristina Mullins, Paulo Castelli, Abrahão Farc, Paulo Hesse, Gésio Amadeu, Francisco Milani, Deborah Seabra, Teresa Campos. Início: 21.05.1979

1980

Dulcinéa Vai à Guerra (Lucrécia)

De: Sérgio Jockyman / Jorge Andrade

Direção: Henrique Martins - Produção: Bandeirantes

Elenco: Dercy Gonçalves, Renata Fronzi, Nicole Puzzi, Guilherme Corrêa, Agnaldo Rayol, Bete Mendes, Etty Frazer, Hélio Souto,Maria Fernanda, Benjamin Cattan, Arlindo Barreto, Paulo Hesse, Jacques Lagôa, Oswaldo Campozana, Lia de Aguiar, Sandra Barsotti, Paulo

Gonçalves, Lilian Vizzacchero, Homero Kossac, Muíbo Curi. Início: 01.12.1980

Com Hélio Souto em Dulcinéa Vai à Guerra, *1980.*

1981

Os Adolescentes (Conceição)

De: Ivani Ribeiro / Jorge Andrade

Direção: Antônio Abujamra / Atílio Riccó - Produção: Bandeirantes

Elenco: Kito Junqueira, Selma Egrei, Márcia de Windsor, Norma Bengell, Paulo Villaça, Antônio

Petrin, Beatriz Segall, Carmen Silva, Emílio Di Biasi, Flávio Guarnieri, Giuseppe Oristanio, Imara Reis, Roberto Maia, Hugo Della Santa, Julia Lemmertz, Ricardo Graça Mello, Tássia Camargo, Yeta Hansen, Teresa Campos, Alexandre Raimundo, Fábio Cardoso, Zenaide, Deborah Seabra, Lúcia Mello, Arlete Montenegro, André de Biase. Início: 28.09.1981

1982

Ninho de Serpentes (Julia)

De: Jorge Andrade

Direção: Henrique Martins - Produção: Bandeirantes

Elenco: Márcia de Windsor, Imara Reis, Cleyde Yaconis, Denise Stoklos, Kito Junqueira, Othon Bastos, Beatriz Segall, Selma Egrei, Luiz Carlos Moraes, Imara Reis, Jairo Arco e Flexa, Lúcia Mello, Raymundo de Souza, Carmen Silva, Emílio Di Biasi, Antônio Petrin, Alexandre Raimundo, Deborah Seabra, Flávio Guarnieri, Giuseppe Oristanio, Julia Lemmertz, Geny Prado, Paulo César Grande, Danúbia Machado, Hugo Della Santa, Mayara Magri, Nydia Licia, Laura Cardoso. Início: 05.04.1982

O Campeão (Sônia)
De: Jaime Camargo
Direção: Henrique Martins - Produção: Bandeirantes
Elenco: Rubens de Falco, Maria Estela, Alexandre Raimundo, Kito Junqueira, Elaine Cristina, Cleyde Yaconis, Luiz Carlos Arutin, Myriam Pérsia, Othon Bastos, Eliane Giardini, Célia Helena, Luiz Carlos de Moraes, Cláudia Alencar, Fúlvio Stefanini, Márcia Maria, John Herbert, Carmen Silva, Flávio Guarnieri, Deborah Seabra, Paulo César Grande, Abrahão Farc, Arthur Leivas, Joselita Alvarenga, Antônio Fonzar, Mateus Carrieri, Ciça Manzano, Ady Salgado, Eleonora Prado, Lia Nascimento, Flávia Cristina Rodrigues, José Lewgoy. Início: 06.12.1982

Outros Programas

1983

A Poesia É Necessária

Direção: Antônio Abujamra - Produção: TV Cultura

Poesias: Alegria (Augusto Frederico Schmidt); Guerra Fria (Cassiano Ricardo); Canção de domingo (Mário Quintana)

Créditos das fotografias:

pág.37 - Cigarra Magazine
pág.40 / 42 - Revista O Cruzeiro
pág.58 - Alberto (acervo Cedoc-Funarte)
pág.72 / 80 / 82 / 83 / 95 / 135 - Carlos (acervo Cedoc-Funarte)
pág.44 - acervo Maria Thereza Vargas
pág.45 - acervo Cedoc-Funarte
pág.47 - Revista Carioca
pág.48 - G. Cerri
pág.51 - G. Cerri (acervo Luiz Felipe Miranda)
pág.53 - José (acervo Cedoc-Funarte)
pág.54 - José
pág.61 - Revista Fon-Fon
pág.68 - José Oiticica Filho
pág.70 - Jean Manzon
pág.75 - José
pág.86 / 91 - Carlos
pág.92 - Cláudio
pág.112 - acervo Arlete Montenegro
pág.119 - Rádio e TV Bandeirantes
pág.124 - Jornal O Globo
pág.126 - Edu Corsi
pág.142 - Wellington Barbosa
pág.146 - Noélia Ipê/AE
pág.168 - João Caldas (Multimeios-Centro Cultural)

COLEÇÃO APLAUSO

A *Coleção Aplauso*, concebida e editada pela Imprensa Oficial do Estado de São Paulo, se tornou um sucesso de venda e de repercussão cultural. Coordenada pelo crítico Rubens Ewald Filho, a Coleção resgata, para um público amplo, a vida e a carreira de grandes intérpretes, diretores e roteiristas do cinema, do teatro e da televisão brasileira.

Vários fatores se somam para explicar a gratificante aceitação. São escritos, em sua maioria, por jornalistas especializados, que se baseiam depoimentos dos próprios biografados, resultando em textos diretos, fluentes, entremeados de episódios divertidos. Publicados em formato de bolso e com adequado projeto gráfico, os livros trazem fotos inéditas do acervo pessoal de cada biografado de relevante interesse artístico e histórico.

A escolha dos biografados representa outro fator decisivo para o interesse despertado pela Coleção. São personalidades representativas rememorando suas trajetórias de vida, sua formação prática e teórica, seus métodos de trabalho, suas realizações e – em alguns casos – suas frustrações, recuperando assim a própria história acidentada do cinema, do teatro e da televisão em nosso país.

A Coleção, que tende a ultrapassar os cem títulos, já se afirma e reúne um time ilustre e variado, de dar orgulho a qualquer brasileiro. São atores e atrizes, como Bete Mendes, Cleyde Yaconis, David Cardoso, Etty Fraser, Gianfrancesco Guarnieri, Irene Ravache, John Herbert, Luís Alberto de Abreu, Nicette Bruno e Paulo Goulart, Niza de Castro Tank, Paulo José, Reginaldo Faria, Ruth de Souza, Sérgio Viotti, Walderez de Barros. Diretores, como Carlos Coimbra, Carlos Reichenbach, Helvécio Ratton, João Batista de Andrade, Rodolfo Nanni e Ugo Giorgetti. Atores que também se tornaram diretores, como Anselmo Duarte, o único brasileiro a arrebatar até hoje a Palma de Ouro no Festival de Cannes, na França.

Além dos perfis biográficos, que são a marca da Coleção, ela inclui projetos especiais, com formatos e características distintos, como as excepcionais pesquisas iconográficas sobre Maria Della Costa, Ney Latorraca e Sérgio Cardoso. Publicamos, também, roteiros históricos, como *O Caçador de Diamantes*, de Vittorio Capellaro, de 1933, considerado o primeiro roteiro completo escrito no Brasil para ser filmado, ao lado de roteiros mais recentes, como *O Caso dos Irmãos Naves*, de Luís Sérgio Person, *Dois Córregos*, de Carlos Reichenbach, *Narradores de Javé*, de Eliane Caffé. Destaca-se a excepcional obra *Gloria in Excelsior*, organizada por Álvaro de Moya, sobre a ascensão, apogeu e queda da TV Excelsior, que mudou o jeito de fazer televisão no Brasil. Muitos leitores se surpreenderão quando descobrirem que vários dos diretores, autores e atores que promoveram o crescimento da TV Globo, nos anos 70, foram forjados nos estúdios da TV Excelsior, que sucumbiu juntamente com o grupo Simonsen, perseguido pelo regime militar. Nesse sentido, a obra de Moya acaba retratando mais do que a trajetória de uma rede de televisão, uma época histórica do País.

Contudo, se algum fator de sucesso da *Coleção Aplauso* merece ser mais destacado do que outros, é o interesse do leitor brasileiro em conhecer o percurso cultural de seu país. Precisa apenas dispor de fontes de informação atraentes e acessíveis. É isso que a Imprensa Oficial propiciou ao criar a *Coleção Aplauso*, pois tem consciência de que toda nação que esquece sua história cultural, fica mais pobre espiritualmente, arriscando-se a perder sua identidade.

Hubert Alquéres
Diretor-presidente da
Imprensa Oficial do Estado de São Paulo

Títulos da Coleção Aplauso

Perfil

Djalma Limongi Batista - Livre Pensador
Marcel Nadale

Anselmo Duarte - O Homem da Palma de Ouro
Luiz Carlos Merten

Carlos Coimbra - Um Homem Raro
Luiz Carlos Merten

Rodolfo Nanni - Um Realizador Persistente
Neusa Barbosa

João Batista de Andrade -
Alguma Solidão e Muitas Histórias
Maria do Rosário Caetano

Carlos Reichenbach -
O Cinema Como Razão de Viver
Marcelo Lyra

Ugo Giorgetti - O Sonho Intacto
Rosane Pavam

Aracy Balabanian - Nunca Fui Anjo
Tania Carvalho

Renata Fronzi - Chorar de Rir
Wagner de Assis

Rubens de Falco - Um Internacional Ator Brasileiro
Nydia Licia

Renato Consorte - Contestador por Índole
Eliana Pace

Carla Camurati - Luz Natural
Carlos Alberto Mattos

Rolando Boldrin - Palco Brasil
Ieda de Abreu

Sonia Oiticica - Uma Atriz Rodrigueana?
Maria Thereza Vargas

Sérgio Hingst - Um Ator de Cinema
Maximo Barro

Cleyde Yaconis - Dama Discreta
Vilmar Ledesma

Irene Ravache - Caçadora de Emoções
Tania Carvalho

Ruth de Souza - Estrela Negra
Maria Ângela de Jesus

David Cardoso - Persistência e Paixão
Alfredo Sternheim

John Herbert - Um Gentleman no Palco e na Vida
Neusa Barbosa

Reginaldo Faria - O Solo de Um Inquieto
Wagner de Assis

Paulo José - Memórias Substantivas
Tania Carvalho

Sérgio Viotti - O Cavalheiro das Artes
Nilu Lebert

Etty Fraser - Virada Pra Lua
Vilmar Ledesma

Paulo Goulart e Nicette Bruno - Tudo Em Família
Elaine Guerrini

Walderez de Barros - Voz e Silêncios
Rogério Menezes

Rosamaria Murtinho - Simples Magia
Tania Carvalho

Bete Mendes - O Cão e a Rosa
Rogério Menezes

Gianfrancesco Guarnieri - Um Grito Solto no Ar
Sérgio Roveri

Luís Alberto de Abreu - Até a Última Sílaba
Adélia Nicolete

Niza de Castro Tank - Niza Apesar das Outras
Sara Lopes

Cinema Brasil

De Passagem
Roteiro de Cláudio Yosida e Direção de Ricardo Elias

Bens Confiscados
Roteiro comentado pelos seus autores
Carlos Reichenbach e Daniel Chaia

Cabra-Cega
Roteiro de DiMoretti, comentado por Toni Venturi
e Ricardo Kauffman

A Dona da História
Roteiro de João Falcão, João Emanuel Carneiro e Daniel Filho

Como Fazer um Filme de Amor
José Roberto Torero

Dois Córregos
Carlos Reichenbach

Narradores de Javé
Eliane Caffé e Luís Alberto de Abreu

O Caso dos Irmãos Naves
Luís Sérgio Person e Jean-Claude Bernardet

Casa de Meninas
Inácio Araújo

O Caçador de Diamantes
Vittorio Capellaro comentado por Maximo Barro

Teatro Brasil

Antenor Pimenta e o Circo Teatro
Danielle Pimenta

Trilogia Alcides Nogueira - ÓperaJoyce - Gertrude Stein, Alice Toklas & Pablo Picasso - Pólvora e Poesia
Alcides Nogueira

Alcides Nogueira - Alma de Cetim
Tuna Dwek

Ciência e Tecnologia

Cinema Digital
Luiz Gonzaga Assis de Luca

Especial

Dina Sfat - Retratos de uma Guerreira
Antonio Gilberto

Maria Della Costa - Seu Teatro, Sua Vida
Warde Marx

Sérgio Cardoso - Imagens de Sua Arte
Nydia Licia

Ney Latorraca - Uma Celebração
Tania Carvalho

Gloria in Excelsior - Ascenção, Apogeu e Queda do Maior Sucesso da Televisão Brasileira
Álvaro Moya

fotolito, impressão e acabamento

imprensaoficial

Rua da Mooca, 1921 São Paulo SP
Fones: 6099-9800 - 0800 123401
www.imprensaoficial.com.br

Os livros da coleção *Aplauso* podem
ser encontrados nas livrarias e no site
www.imprensaoficial.com.br/lojavirtual